I0254233

# LE COMTE

DE

# MONTE-CHRISTO

PAR

ALEXANDRE DUMAS.

5

PARIS.

PÉTION, LIBRAIRE-ÉDITEUR

*DES OEUVRES COMPLÈTES D'EUGÈNE SUE,*

11, RUE DU JARDINET.

1845

# LE COMTE

DE

# MONTE-CHRISTO.

PARIS. — IMPRIMÉ PAR PLON FRÈRES,
RUE DE VAUGIRARD, 36.

# LE COMTE

DE

# MONTE-CHRISTO.

PAR

ALEXANDRE DUMAS.

V.

PARIS.

PÉTION, LIBRAIRE-ÉDITEUR,

11, RUE DU JARDINET.

1845.

# LE COMTE

DE

# MONTE-CHRISTO

PAR

ALEXANDRE DUMAS.

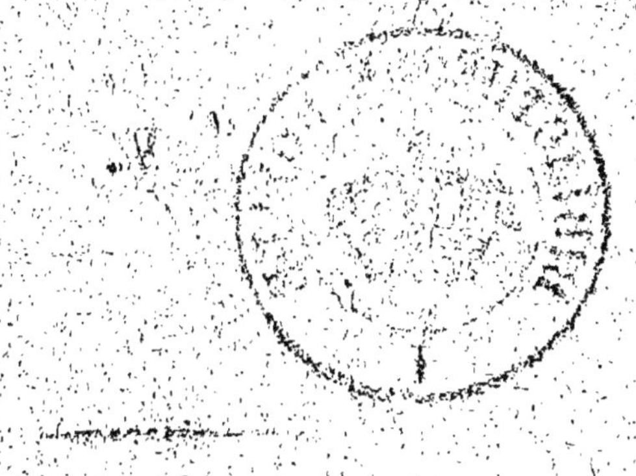

PARIS.

PÉTION, LIBRAIRE-ÉDITEUR,

11, RUE DU JARDINET.

[illegible]

# LE COMTE

DE

# MONTE-CHRISTO.

## CHAPITRE PREMIER.

### BANDITS ROMAINS. (Suite.)

L'aubergiste se retourna vers Franz d'un air qui voulait dire : Décidément, Excellence, votre camarade est fou.

— Mon cher Albert, reprit Franz, votre réponse est sublime, et vaut le *Qu'il mourût* du vieux Corneille ; seulement, quand

Horace répondait cela, il s'agissait du salut de Rome, et la chose en valait la peine. Mais quant à nous, remarquez qu'il s'agit simplement d'un caprice à satisfaire ; et qu'il serait ridicule, pour un caprice, de risquer notre vie.

— Ah ! *per Bacco!* s'écria maître Pastrini, à la bonne heure, voilà qui s'appelle parler !

Albert se versa un verre de *lacryma-Christi*, qu'il but à petits coups en grommelant des paroles inintelligibles.

— Eh bien, maître Pastrini, reprit Franz, maintenant que voilà mon compagnon calmé, et que vous avez pu apprécier mes dispositions pacifiques ; maintenant, voyons, qu'est-ce que le seigneur Luigi

Vampa? Est-il berger ou patricien? est-il jeune ou vieux? est-il petit ou grand? Dépeignez-nous-le, afin que si nous le rencontrions par hasard dans le monde, comme Jean Sbogar ou Lara, nous puissions au moins le reconnaître.

— Vous ne pouvez pas mieux vous adresser qu'à moi, Excellence, pour avoir des détails exacts, car j'ai connu Luigi Vampa tout enfant, et, un jour que j'étais tombé moi-même dans ses mains, en allant de Ferentino à Alatri, il se souvint, heureusement pour moi, de notre ancienne connaissance; il me laissa aller, non-seulement sans me faire payer de rançon, mais encore après m'avoir fait cadeau d'une fort belle montre et m'avoir raconté son histoire.

— Voyons la montre, dit Albert.

Maître Pastrini tira de son gousset une magnifique Breguet portant le nom de son auteur, le timbre de Paris et une couronne de comte.

— Voilà, dit-il.

— Peste! fit Albert, je vous en fais mon compliment; j'ai la pareille à peu près — il tira sa montre de la poche de son gilet — et elle m'a coûté trois mille francs.

— Voyons l'histoire, dit Franz à son tour en tirant un fauteuil et en faisant signe à maître Pastrini de s'asseoir.

— Leurs Excellences permettent? dit l'hôte.

— Pardieu ! dit Albert, vous n'êtes pas un prédicateur, mon cher, pour parler debout.

L'hôtelier s'assit après avoir fait à chacun de ses futurs auditeurs un salut respectueux, lequel avait pour but d'indiquer qu'il était prêt à leur donner sur Luigi Vampa les renseignements qu'ils demandaient.

— Ah çà ! fit Franz arrêtant maître Pastrini au moment où il ouvrait la bouche, vous dites que vous avez connu Luigi Vampa tout enfant ; c'est donc encore un jeune homme?

— Comment, un jeune homme ! je crois bien ; il a vingt-deux ans à peine ! Oh !

c'est un gaillard qui ira loin, soyez tranquille !

— Que dites-vous de cela, Albert? c'est beau, à vingt-deux ans, de s'être déjà fait une réputation, dit Franz.

— Oui certes, et, à son âge, Alexandre, César et Napoléon, qui depuis ont fait un certain bruit dans le monde, n'étaient pas si avancés que lui.

— Ainsi, reprit Franz s'adressant à son hôte, le héros dont nous allons entendre l'histoire n'a que vingt-deux ans?

— A peine, comme j'ai eu l'honneur de vous le dire.

— Est-il grand ou petit?

—De taille moyenne : à peu près comme

Son Excellence, dit l'hôte en montrant Albert.

— Merci de la comparaison, dit celui-ci en s'inclinant.

— Allez toujours, maître Pastrini! reprit Franz souriant de la susceptibilité de son ami. Et à quelle classe de la société appartenait-il?

— C'était un simple petit pâtre attaché à la ferme du comte de San-Felice, située entre Palestrina et le lac de Gabri. Il était né à Pampinara, et était entré à l'âge de cinq ans au service du comte. Son père, berger lui-même à Anagni, avait un petit troupeau à lui, et vivait de la laine de ses moutons et de la récolte faite avec le lait de ses brebis, qu'il venait vendre à Rome.

Tout enfant, le petit Vampa avait un caractère étrange. Un jour, à l'âge de sept ans, il était venu trouver le curé de Palestrina, et l'avait prié de lui apprendre à lire. C'était chose difficile; car le jeune pâtre ne pouvait pas quitter son troupeau. Mais le bon curé allait tous les jours dire la messe à un pauvre petit bourg trop peu considérable pour payer un prêtre, et qui, n'ayant pas même de nom, était connu sous celui del Borgo. Il offrit à Luigi de se trouver sur son chemin à l'heure de son retour et de lui donner ainsi sa leçon, le prévenant que cette leçon serait courte, et qu'il eût par conséquent à en profiter.

L'enfant accepta avec joie.

Tous les jours Luigi menait paître son

troupeau sur la route de Palestrina au Borgo; tous les jours, à neuf heures du matin, le curé passait, le prêtre et l'enfant s'asseyaient sur le revers d'un fossé, et le petit pâtre prenait sa leçon dans le bréviaire du curé.

Au bout de trois mois il savait lire.

Ce n'était pas tout, il lui fallait maintenant apprendre à écrire.

Le prêtre fit faire par un professeur d'écriture de Rome trois alphabets : un en gros, un en moyen, et un en fin, et il lui montra qu'en suivant cet alphabet sur une ardoise il pouvait, à l'aide d'une pointe de fer, apprendre à écrire.

Le même soir, lorsque le troupeau fut

rentré à la ferme, le petit Vampa courut chez le serrurier de Palestrina, prit un gros clou, le forgea, le martela, l'arrondit, et en fit une espèce de stylet antique.

Le lendemain il avait réuni une provision d'ardoises et se mettait à l'œuvre.

Au bout de trois mois il savait écrire.

Le curé, étonné de cette profonde intelligence et touché de cette aptitude, lui fit cadeau de plusieurs cahiers de papier, d'un paquet de plumes et d'un canif.

Ce fut une nouvelle étude à faire, mais étude qui n'était rien auprès de la première. Huit jours après il maniait la plume comme il maniait le stylet.

Le curé raconta cette anecdote au comte de San-Felice, qui voulut voir le petit pâtre, le fit lire et écrire devant lui, ordonna à son intendant de le faire manger avec les domestiques et lui donna deux piastres par mois.

Avec cet argent, Luigi acheta des livres et des crayons.

En effet, il avait appliqué à tous les objets cette faculté d'imitation qu'il avait, et, comme Giotto enfant, il dessinait sur ses ardoises ses brebis, les arbres, les maisons.

Puis, avec la pointe de son canif, il commença à tailler le bois et à lui donner toutes sortes de formes. C'est ainsi que

Pinelli, le sculpteur populaire, avait commencé.

Une jeune fille de six ou sept ans, c'est-à-dire un peu plus jeune que Vampa, gardait de son côté les brebis dans une ferme voisine de Palestrina; elle était orpheline, né à Valmontone, et s'appelait Teresa.

Les deux enfants se rencontraient, s'asseyaient l'un près de l'autre, laissaient leurs troupeaux se mêler et paître ensemble, causaient, riaient et jouaient; puis, le soir, on démêlait les moutons du comte de San Felice de ceux du baron de Cervetri, et les enfants se quittaient pour revenir à leur ferme respective, en se promettant de se retrouver le lendemain matin.

Le lendemain ils tenaient parole, et grandissaient ainsi côte à côte.

Vampa atteignit douze ans, et la petite Teresa onze.

Cependant leurs instincts naturels se développaient.

A côté du goût des arts que Luigi avait poussé aussi loin qu'il le pouvait faire dans l'isolement, il était triste par boutade, ardent par secousse, colère par caprice, railleur toujours. Aucun des jeunes garçons de Pampinara, de Palestrina ou de Valmontone n'avait pu non-seulement prendre aucune influence sur lui, mais encore devenir son compagnon. Son tempérament volontaire, toujours disposé à exiger sans jamais vouloir se plier à aucune concession, écartait de lui tout mouvement amical, toute démonstration sympathique. Teresa seule commandait d'un mot, d'un regard, d'un geste à ce caractère entier, qui pliait sous la main d'une femme et qui sous celle de quelque homme que ce fût se serait roidi jusqu'à rompre.

Teresa était, au contraire, vive, alerte et gaie, mais coquette à l'excès; les deux piastres que donnait à Luigi l'intendant du comte de San Felice, le prix de tous les petits ouvrages sculptés qu'il vendait aux marchands de joujoux de Rome passaient en boucles d'oreilles de perles, en colliers de verre, en aiguilles d'or. Aussi, grâce à cette prodigalité de son jeune ami, Teresa était-elle la plus belle et la plus élégante paysanne des environs de Rome.

Les deux enfants continuèrent à grandir, passant toutes leurs journées ensemble, et se livrant sans combat aux instincts de leur nature primitive. Aussi, dans leurs conversations, dans leurs souhaits, dans leurs rêves, Vampa se voyait toujours capitaine de vaisseau, général d'armée ou gouverneur d'une province ; Teresa se voyait riche, vêtue des plus belles robes et suivie de domestiques en livrée; puis, quand ils avaient passé toute la journée à broder leur avenir de ces folles et brillantes arabesques, ils se séparaient pour ramener chacun leurs moutons dans leur étable, et redescendre, de la hauteur de leurs songes, à l'humilité de leur position réelle.

Un jour le jeune berger dit à l'intendant du comte qu'il avait vu un loup sortir des montagnes de la Sabine et rôder autour de son troupeau. L'intendant lui donna un fusil : c'est ce que voulait Vampa.

Ce fusil se trouva par hasard être un excellent canon de Brescia, portant la balle comme une carabine anglaise ; seulement un jour le comte, en assommant un renard blessé, en avait cassé la crosse, et l'on avait jeté le fusil au rebut.

Cela n'était pas une difficulté pour un sculpteur comme Vampa. Il examina la couche primitive, calcula ce qu'il fallait y changer pour la mettre à son coup d'œil, et fit une autre crosse chargée d'ornements si merveilleux que, s'il eût voulu aller vendre à la ville le bois seul, il en eût certainement tiré quinze ou vingt piastres.

Mais il n'avait garde d'agir ainsi : un fusil avait long-temps été le rêve du jeune homme. Dans tous les pays où l'indépendance est substituée à la liberté, le premier besoin qu'éprouve tout cœur fort, toute organisation puissante, est celui d'une arme qui assure en même temps l'attaque et la défense, et qui, faisant celui qui la porte terrible, le fait souvent redouté.

A partir de ce moment, Vampa donna tous les instants qui lui restèrent à l'exercice du fusil ; il acheta de la poudre et des balles, et tout lui devint un but : le tronc de l'olivier, triste, chétif et gris, qui pousse au versant des montagnes de la Sabine ; le renard qui le soir sortait de son terrier pour commencer sa chasse nocturne, et l'aigle qui planait dans l'air. Bientôt il devint si adroit, que Teresa surmonta la crainte qu'elle avait éprouvée d'abord en entendant la détonation, et s'amusa à voir son jeune compagnon placer la balle de son fusil où il voulait la mettre, avec autant de justesse que s'il l'eût poussée avec la main.

Un soir, un loup sortit effectivement d'un bois de sapins près duquel les deux jeunes gens avaient l'habitude de demeurer : le loup n'avait pas fait dix pas en plaine qu'il était mort.

Vampa, tout fier de ce beau coup, le chargea sur ses épaules et le rapporta à la ferme.

Tous ces détails donnaient à Luigi une certaine réputation aux alentours de la ferme ; l'homme supérieur, partout où il se trouve, se crée une clientèle d'admirateurs. On parlait dans les environs de ce jeune pâtre comme du plus adroit, du plus fort et du plus brave contadino qui fût à dix lieues à la ronde ; et quoique de son côté Teresa, dans un cercle plus étendu encore, passât pour une des plus jolies filles de la Sabine, personne ne s'avisait de lui dire un mot d'amour, car on la savait aimée par Vampa.

Et cependant les deux jeunes gens ne s'étaient jamais dit qu'ils s'aimaient. Ils avaient poussé l'un à côté de l'autre comme deux arbres qui mêlent leurs racines sous le sol, leurs branches dans l'air, leur parfum dans le ciel; seulement leur désir de se voir était le même, ce désir était devenu un besoin, et ils comprenaient plutôt la mort qu'une séparation d'un seul jour.

Teresa avait seize ans et Vampa dix-sept.

Vers ce temps, on commença de parler beaucoup d'une bande de brigands qui s'organisait dans les monts Lepini. Le brigandage n'a jamais été sérieusement extirpé dans le voisinage de Rome. Il manque de chefs parfois, mais quand un chef se présente il est rare qu'il lui manque une bande.

Le célèbre Cucumetto, traqué dans les Abruzzes, chassé du royaume de Naples, où il avait soutenu une véritable guerre, avait traversé le Garigliano comme Manfred, et était venu entre Sonnino et Juperno se réfugier sur les bords de l'Amasine.

C'était lui qui s'occupait à réorganiser une troupe, et qui marchait sur les traces de Decesaris et de Gasparone, qu'il espérait bientôt surpasser. Plusieurs jeunes gens de Palestrina, de Frascati et de Pampinara disparurent. On s'inquiéta d'eux d'abord, puis bientôt on sut qu'ils étaient allés rejoindre la bande de Cucumetto.

Au bout de quelque temps, Cucumetto devint l'objet de l'attention générale. On citait de ce chef de bandits des traits d'audace extraordinaire et de brutalité révoltante.

Un jour il enleva une jeune fille : c'était la fille de l'arpenteur de Frosinone. Les lois des bandits sont positives : une jeune fille est à celui qui l'enlève d'abord, puis les autres la tirent au sort, et la malheureuse sert aux plaisirs de toute la troupe jusqu'à ce que les bandits l'abandonnent ou qu'elle meure.

Lorsque les parents sont assez riches pour la racheter on envoie un messager, qui traite de la rançon ; la tête du prisonnier répond de la sécurité de l'émissaire. Si la rançon est refusée, le prisonnier est condamné irrévocablement.

La jeune fille avait son amant dans la troupe de Cucumetto, il s'appelait Carlini.

En reconnaissant le jeune homme, elle

tendit les bras vers lui et se crut sauvée. Mais le pauvre Carlini, en la reconnaissant, lui, sentit son cœur se briser ; car il se doutait bien du sort qui attendait sa maîtresse.

Cependant, comme il était le favori de Cucumetto, comme il avait partagé ses dangers depuis trois ans, comme il lui avait sauvé la vie en abattant d'un coup de pistolet un carabinier qui avait déjà le sabre levé sur sa tête, il espéra que Cucumetto aurait quelque pitié de lui.

Il prit donc le chef à part, tandis que la jeune fille, assise contre le tronc d'un grand pin qui s'élevait au milieu d'une clairière de la forêt, s'était fait un voile de la coiffure pittoresque des paysannes romaines et cachait son visage aux regards luxurieux des bandits.

Là, il lui raconta tout, ses amours avec la prisonnière, leurs serments de fidélité, et comment chaque nuit, depuis qu'ils étaient dans les environs, ils se donnaient rendez-vous dans une ruine.

—Ce soir-là justement Cucumetto avait envoyé Carlini dans un village voisin, il n'avait pu se trouver au rendez-vous; mais Cucumetto s'y était trouvé par hasard, disait-il, et c'est alors qu'il avait enlevé la jeune fille.

Carlini supplia son chef de faire une exception en sa faveur et de respecter Rita, lui disant que le père était riche et qu'il payerait une bonne rançon.

Cucumetto parut se rendre aux prières de son ami, et le chargea de trouver un berger qu'on pût envoyer chez le père de Rita à Frosinone.

Alors Carlini s'approcha tout joyeux de la jeune fille, lui dit qu'elle était sauvée, et l'invita à écrire à son père une lettre dans laquelle elle racontait ce qui lui était arrivé, et lui annonçait que sa rançon était fixée à trois cents piastres.

On donnait pour tout délai au père douze heures, c'est-à-dire jusqu'au lendemain neuf heures du matin.

La lettre écrite, Carlini s'en empara aussitôt et courut dans la plaine pour chercher un messager.

Il trouva un jeune pâtre qui parquait son troupeau. Les messagers naturels des bandits sont les bergers, qui vivent entre la ville et la montagne, entre la vie sauvage et la vie civilisée.

Le jeune berger partit aussitôt, promettant d'être avant une heure à Frosinone.

Carlini revint tout joyeux pour rejoindre sa maîtresse et lui annoncer cette bonne nouvelle.

Il trouva la troupe dans la clairière où elle soupait joyeusement des provisions que les bandits levaient sur les paysans comme un tribut seulement; au milieu de ces gais convives il chercha vainement Cucumetto et Rita.

Il demanda où ils étaient ; les bandits répondirent par un grand éclat de rire. Une sueur froide coula sur le front de Carlini, et il sentit l'angoisse qui le prenait aux cheveux.

Il renouvela sa question. Un des convives remplit un verre de vin d'Orvietto et le lui tendit en disant :

— A la santé du brave Cucumetto et de la belle Rita !

En ce moment, Carlini crut entendre un cri de femme. Il devina tout. Il prit le verre, le brisa sur la face de celui qui le lui présentait et s'élança dans la direction du cri.

Au bout de cent pas, au détour d'un

buisson, il trouva Rita évanouie entre les bras de Cucumetto.

En apercevant Carlini, Cucumetto se releva tenant un pistolet de chaque main.

Les deux bandits se regardèrent un instant: l'un le sourire de la luxure sur les lèvres, l'autre la pâleur de la mort sur le front.

On eût cru qu'il allait se passer entre ces deux hommes quelque chose de terrible. Mais peu à peu les traits de Carlini se détendirent; sa main, qu'il avait portée à un des pistolets de sa ceinture, retomba près de lui pendante à son côté.

Rita était couchée entre eux deux.

La lune éclairait cette scène.

— Eh bien, lui dit Cucumetto, as-tu fait la commission dont tu t'étais chargé?

— Oui, capitaine, répondit Carlini, et demain, avant neuf heures, le père de Rita sera ici avec l'argent.

— A merveille. En attendant, nous allons passer une joyeuse nuit. Cette jeune fille est charmante et tu as, en vérité, bon goût, maître Carlini. Aussi, comme je ne suis pas égoïste, nous allons retourner auprès des camarades et tirer au sort à qui elle appartiendra maintenant.

— Ainsi, vous êtes décidé à l'abandonner à la loi commune? demanda Carlini.

— Et pourquoi ferait-on exception en sa faveur?

— J'avais cru qu'à ma prière.....

— Et qu'es-tu de plus que les autres?

— C'est juste.

— Mais, sois tranquille, reprit Cucumetto en riant, un peu plus tôt, un peu plus tard, ton tour viendra.

Les dents de Carlini se serraient à se briser.

— Allons, dit Cucumetto en faisant un pas vers les convives, viens-tu?

— Je vous suis....

Cucumetto s'éloigna sans perdre de vue Carlini, car sans doute il craignait qu'il ne le frappât par derrière. Mais rien dans le bandit ne dénonçait une intention hostile.

Il était debout, les bras croisés, près de Rita toujours évanouie.

Un instant, l'idée de Cucumetto fut que le jeune homme allait la prendre dans ses bras et fuir avec elle. Mais peu lui importait maintenant, il avait eu de Rita ce qu'il voulait; et quant à l'argent, trois cents piastres réparties à la troupe faisaient une si pauvre somme qu'il s'en souciait médiocrement.

Il continua donc sa route vers la clairière; mais, à son grand étonnement, Carlini y arriva presque aussitôt que lui.

— Le tirage au sort, le tirage au sort! crièrent tous les bandits en apercevant le chef.

Et les yeux de tous les hommes brillèrent d'ivresse et de lasciveté, tandis que la flamme du foyer jetait sur toute leur personne une lueur rougeâtre qui les faisait ressembler à des démons.

Ce qu'ils demandaient était juste, aussi le chef fit-il de la tête un signe annonçant qu'il acquiesçait à leur demande.

On mit tous les noms dans un chapeau, celui de Carlini comme ceux des autres, et le plus jeune de la bande tira de l'urne improvisée un bulletin.

Ce bulletin portait le nom de Diavolaccio.

C'était celui-là même qui avait proposé à Carlini la santé du chef, et à qui Carlini avait répondu en lui brisant le verre sur la figure.

Une large blessure, ouverte de la tempe à la bouche, laissait couler le sang à flots.

Diavolaccio, se voyant ainsi favorisé de la fortune, poussa un éclat de rire.

— Capitaine, dit-il, tout à l'heure Carlini n'a pas voulu boire à votre santé, proposez-lui de boire à la mienne : il aura peut-être plus de condescendance pour vous que pour moi.

Chacun s'attendait à une explosion de la part de Carlini ; mais, au grand étonnement de tous, il prit un verre d'une main, un fiasco de l'autre, puis, remplissant le verre :

— A ta santé, Diavolaccio, dit-il d'une

voix parfaitement calme, et il avala le contenu du verre sans que sa main tremblât.

Puis, s'asseyant près du feu :

— Ma part de souper, dit-il, la course que je viens de faire m'a donné de l'appétit.

— Vive Carlini ! s'écrièrent les brigands.

— A la bonne heure, voilà ce qui s'appelle prendre la chose en bon compagnon. Et tous réformèrent le cercle autour du foyer tandis que Diavolaccio s'éloignait.

Carlini mangeait et buvait comme si rien ne s'était passé.

Les bandits le regardaient avec étonnement, ne comprenant rien à cette impassibilité, lorsqu'ils entendirent derrière eux retentir sur le sol un pas alourdi.

Ils se retournèrent et aperçurent Diavolaccio tenant la jeune fille entre ses bras.

Elle avait la tête renversée, et ses longs cheveux pendaient jusqu'à terre.

A mesure qu'ils entraient dans le cercle de la lumière projetée par le foyer, on s'apercevait de la pâleur de la jeune fille et de la pâleur du bandit.

Cette apparition avait quelque chose de si étrange et de si solennel, que chacun se leva, excepté Carlini, qui resta assis et continua de boire et de manger comme si rien ne se passait autour de lui.

Diavolaccio continuait de s'avancer au milieu du plus profond silence, et déposa Rita aux pieds du capitaine.

Alors tout le monde put reconnaître la cause de cette pâleur de la jeune fille et de cette pâleur du bandit.

Rita avait un couteau enfoncé jusqu'au manche au-dessous de la mamelle gauche.

Tous les yeux se portèrent sur Carlini : la gaîne était vide à sa ceinture.

— Ah ! ah ! dit le chef, je comprends maintenant pourquoi Carlini était resté en arrière.

Toute nature sauvage est apte à apprécier une action forte ; quoique peut-être aucun des bandits n'eût fait ce que venait de faire Carlini, tous comprirent ce qu'il avait fait.

— Eh bien, dit Carlini en se levant à son tour et en s'approchant du cadavre la main sur la crosse d'un de ses pistolets, y a-t-il encore quelqu'un qui me dispute cette femme?

— Non, dit le chef, elle est à toi!

Alors Carlini la prit à son tour dans ses bras, et l'emporta hors du cercle de lumière que projetait la flamme du foyer.

Cucumetto disposa les sentinelles comme d'habitude, et les bandits se couchèrent enveloppés dans leurs manteaux autour du foyer.

A minuit, la sentinelle donna l'éveil, et en un instant le chef et ses compagnons furent sur pied.

C'était le père de Rita, qui arrivait lui-même portant la rançon de sa fille.

— Tiens, dit-il à Cucumetto en lui tendant un sac d'argent, voici trois cents pistoles, rends-moi mon enfant.

Mais le chef, sans prendre l'argent, lui fit signe de le suivre.

Le vieillard obéit; tous deux s'éloignèrent sous les arbres, à travers les branches desquels filtraient les rayons de la lune. Enfin Cucumetto s'arrêta étendant la main et montrant au vieillard deux personnes groupées au pied d'un arbre :

— Tiens, lui dit-il, demande ta fille à Carlini, c'est lui qui t'en rendra compte.

Et il s'en retourna vers ses compagnons.

Le vieillard resta immobile et les yeux fixés. Il sentait que quelque malheur inconnu, immense, inouï, planait sur sa tête.

Enfin il fit quelques pas vers le groupe informe dont il ne pouvait se rendre compte.

Au bruit qu'il faisait en s'avançant vers lui, Carlini releva la tête, et les formes des deux personnages commencèrent à apparaitre plus distinctes aux yeux du vieillard.

Une femme était couchée à terre, la tête posée sur les genoux d'un homme assis et qui se tenait penché vers elle; c'était en se relevant que cet homme avait découvert le visage de la femme qu'il tenait serrée contre sa poitrine.

Le vieillard reconnut sa fille, et Carlini reconnut le vieillard.

— Je t'attendais, dit le bandit au père de Rita.

— Misérable, dit le vieillard, qu'as-tu fait!

Et il regardait avec terreur Rita, pâle, immobile, ensanglantée, avec un couteau dans la poitrine.

Un rayon de la lune frappait sur elle et l'éclairait de sa lueur blafarde.

— Cucumetto avait violé ta fille, dit le

bandit, et, comme je l'aimais, je l'ai tuée ; car, après lui, elle allait servir de jouet à toute la bande.

Le vieillard ne prononça point une parole, seulement il devint pâle comme un spectre.

— Maintenant, dit Carlini, si j'ai eu tort, venge-la.

Et il arracha le couteau du sein de la jeune fille, et, se levant, il l'alla offrir d'une main au vieillard, tandis que de l'autre il écartait sa veste et lui présentait sa poitrine nue.

— Tu as bien fait, lui dit le vieillard d'une voix sourde. Embrasse-moi, mon fils.

Carlini se jeta en sanglotant dans les bras du père de sa maîtresse. C'étaient les premières larmes que versait cet homme de sang.

— Maintenant, dit le vieillard à Carlini, aide-moi à enterrer ma fille.

Carlini alla chercher deux pioches, et le père et l'amant se mirent à creuser la terre au pied d'un chêne dont les branches touffues devaient recouvrir la tombe de la jeune fille.

Quand la tombe fut creusée, le père l'embrassa le premier, l'amant ensuite, puis, l'un la prenant par les pieds, l'autre par-dessous les épaules, ils la descendirent dans la fosse.

Puis ils s'agenouillèrent des deux côtés et dirent les prières des morts.

Puis, lorsqu'ils eurent fini, ils repoussèrent la terre sur le cadavre, jusqu'à ce que la fosse fût comblée.

Alors lui tendant la main :

— Je te remercie, mon fils! dit le vieillard à Carlini ; maintenant, laisse-moi seul.

— Mais cependant... dit celui-ci.

— Laisse-moi, je te l'ordonne.

Carlini obéit, alla rejoindre ses camarades, s'enveloppa dans son manteau, et bientôt parut aussi profondément endormi que les autres.

Il avait été décidé la veille que l'on changerait de campement.

Une heure avant le jour Cucumetto éveilla ses hommes, et l'ordre fut donné de partir.

Mais Carlini ne voulut pas quitter la forêt sans savoir ce qu'était devenu le père de Rita.

Il se dirigea vers l'endroit où il l'avait laissé.

Il trouva le vieillard pendu à une des branches du chêne qui ombrageait la tombe de sa fille.

Il fit alors sur le cadavre de l'un et sur la fosse de l'autre le serment de les venger tous deux.

Mais il ne put tenir ce serment; car, deux jours après, dans une rencontre avec les carabiniers romains, Carlini fut tué.

Seulement on s'étonna que, faisant face à l'ennemi, il eût reçu une balle entre les deux épaules.

L'étonnement cessa quand un des bandits eut fait remarquer à ses camarades que Cucumetto était placé dix pas en arrière de Carlini lorsque Carlini était tombé.

Le matin du départ de la forêt de Frosinone il avait suivi Carlini dans l'obscurité, avait entendu le serment qu'il avait fait, et, en homme de précaution, il avait pris l'avance.

On racontait encore sur ce terrible chef de bande dix autres histoires non moins curieuses que celle-ci.

Ainsi, de Fondi à Pérouse, tout le monde tremblait au seul nom de Cucumetto.

Ces histoires avaient souvent été l'objet des conversations de Luigi et de Teresa.

La jeune fille tremblait fort à tous ces récits; mais Vampa la rassurait avec un sourire, frappant son bon fusil, qui portait si bien la balle; puis, si elle n'était pas rassurée, il lui montrait à cent pas quelque corbeau perché sur une branche morte, le mettait en joue, lâchait la détente, et l'animal frappé tombait au pied de l'arbre.

Néanmoins, le temps s'écoulait; les deux jeunes gens avaient arrêté qu'ils se marieraient lorsqu'ils auraient, Vampa vingt ans et Teresa dix-neuf. Ils étaient orphelins tous deux, ils n'avaient de permission à demander qu'à leur maître; ils l'avaient demandée et obtenue.

Un jour qu'ils causaient de leur projet d'avenir, ils entendirent deux ou trois coups de feu; puis tout à coup un homme sortit du bois près duquel les deux jeunes gens avaient l'habitude de faire paître leurs troupeaux, et accourut vers eux.

Arrivé à la portée de la voix :

— Je suis poursuivi, leur cria-t-il; pouvez-vous me cacher?

Les deux jeunes gens reconnurent bien que ce fugitif devait être quelque bandit ; mais il y a entre le paysan et le bandit romain une sympathie innée qui fait que le premier est toujours prêt à rendre service au second.

Vampa, sans rien dire, courut donc à la pierre qui bouchait l'entrée de leur grotte, démasqua cette entrée en tirant la pierre à lui, fit signe au fugitif de se réfugier dans cet asile inconnu de tous, repoussa la pierre sur lui et revint s'asseoir près de Teresa.

Presque aussitôt quatre carabiniers à cheval apparurent à la lisière du bois ; trois paraissaient être à la recherche du fugitif, le quatrième traînait par le cou un bandit prisonnier.

Les trois carabiniers explorèrent le pays d'un coup d'œil, aperçurent les deux jeunes gens, accoururent à eux au galop, et les interrogèrent.

Ils n'avaient rien vu.

C'est fâcheux, dit le brigadier, car celui que nous cherchons c'est le chef.

—Cucumetto? ne purent s'empêcher de s'écrier ensemble Luigi et Teresa.

—Oui, répondit le brigadier; et comme sa tête est mise à prix à mille écus romains, il y en aurait eu cinq cents pour vous, si vous nous aviez aidés à le prendre.

Les deux jeunes gens échangèrent un

regard. Le brigadier eut un instant d'espérance. Cinq cents écus romains font trois mille francs, et trois mille francs sont une fortune pour deux pauvres orphelins qui vont se marier.

— Oui, c'est fâcheux, dit Vampa, mais nous ne l'avons pas vu.

Alors les carabiniers battirent le pays dans des directions différentes, mais inutilement.

Puis, successivement ils disparurent.

Alors Vampa alla tirer la pierre, et Cucumetto sortit.

Il avait vu, à travers les jours de la porte de granit. les deux jeunes gens causer avec les carabiniers ; il s'était douté du sujet de leur conversation, il avait lu sur le visage de Luigi et de Teresa l'inébranlable résolution de ne point le livrer, et tira de sa poche une bourse pleine d'or et la leur offrit.

Mais Vampa releva la tête avec fierté ; quant à Teresa, ses yeux brillèrent en pensant à tout ce qu'elle pourrait acheter de riches bijoux et de beaux habits avec cette bourse pleine d'or.

Cucumetto était un satan fort habile : il avait pris la forme d'un bandit au lieu de celle d'un serpent ; il surprit ce regard, reconnut dans Teresa une digne fille d'Ève, et rentra dans la forêt en se retournant plusieurs fois sous prétexte de saluer ses libérateurs.

Plusieurs jours s'écoulèrent sans que l'on revît Cucumetto, sans qu'on entendît reparler de lui.

Le temps du carnaval approchait. Le comte de San Felice annonça un grand bal masqué où tout ce que Rome avait de plus élégant fut invité.

Teresa avait grande envie de voir ce bal. Luigi demanda à son protecteur l'intendant la permission pour elle et pour lui d'y assister caché parmi les serviteurs de la maison. Cette permission lui fut accordée.

Ce bal était surtout donné par le comte pour faire plaisir à sa fille Carmela, qu'il adorait.

Carmela était juste de l'âge et de la taille de Teresa, et Teresa était au moins aussi belle que Carmela.

Le soir du bal, Teresa mit sa plus belle toilette, ses plus riches aiguilles, ses plus brillantes verroteries. Elle avait le costume des femmes de Frascati.

Luigi avait l'habit si pittoresque du paysan romain les jours de fête.

Tous deux se mêlèrent, comme on l'avait permis, aux serviteurs et aux paysans.

La fête était magnifique. Non-seulement la villa était ardemment illuminée, mais des milliers de lanternes de couleur étaient suspendues aux arbres du jardin. Aussi bientôt le palais eut-il débordé sur les terrasses et les terrasses dans les allées.

A chaque carrefour il y avait un orchestre, des buffets et des rafraîchissements; les promeneurs s'arrêtaient, des quadrilles se formaient et l'on dansait là où il plaisait de danser.

Carmela était vêtue en femme de Sonino. Elle avait son bonnet tout brodé de perles, les aiguilles de ses cheveux étaient d'or et de diamants, sa ceinture était de soie turque à grandes fleurs brochées, son surtout et son jupon étaient de cachemire, son tablier était de mousseline des Indes, les boutons de son corset étaient autant de pierreries.

Deux autres de ses compagnes étaient vêtues, l'une en femme de Nettuno, l'autre en femme de la Riccia.

Quatre jeunes gens des plus riches et des plus nobles familles de Rome les accompagnaient avec cette liberté italienne qui n'a son égale dans aucun autre pays du monde : ils étaient vêtus de leur côté en paysans d'Albano, de Velletri, de Civita-Castellana et de Sora.

Il va sans dire que ces costumes de paysans, comme ceux de paysannes, étaient resplendissants d'or et de pierreries.

Il vint à Carmela l'idée de faire un quadrille uniforme, seulement il manquait une femme.

Carmela regardait tout autour d'elle, pas une de ses invitées n'avait un costume analogue au sien et à ceux de ses compagnes.

Le comte de San-Felice lui montra au milieu des paysannes Teresa appuyée au bras de Luigi.

—Est-ce que vous permettez, mon père? dit Carmela.

—Sans doute, répondit le comte, ne sommes-nous pas en carnaval!

Carmela se pencha vers un jeune homme qui l'accompagnait en causant, et lui dit quelques mots tout en lui montrant du doigt la jeune fille.

Le jeune homme suivit des yeux la jolie main qui lui servait de conductrice, fit un geste d'obéissance, et vint inviter Teresa à figurer au quadrille dirigé par la fille du comte.

Teresa sentit comme une flamme qui lui passait sur le visage. Elle interrogea du regard Luigi: il n'y avait pas moyen de refuser. Luigi laissa lentement glisser le bras de Teresa, qu'il tenait sous le sien; et Teresa, s'éloignant conduite par son élégant cavalier, vint prendre, toute tremblante, sa place au quadrille aristocratique.

Certes, aux yeux d'un artiste l'exact et sévère costume de Teresa eût eu un bien autre caractère que celui de Carmela et de ses compagnes; mais Teresa était une jeune fille frivole et coquette; les broderies de la mousseline, les palmes de la ceinture, l'éclat du cachemire l'éblouissaient, le reflet des saphirs et des diamants la rendait folle.

De son côté Luigi sentait naître en lui un sentiment inconnu : c'était comme une douleur sourde, qui le mordait au cœur d'abord, et de là, toute frémissante, courait par ses veines et s'emparait de tout son corps ; il suivit des yeux les moindres mouvements de Teresa et de son cavalier, lorsque leurs mains se touchaient il ressentait comme des éblouissemens, ses artères battaient avec violence, et l'on eût dit que le son d'une cloche vibrait à ses oreilles. Lorsqu'ils se parlaient, quoique

Teresa écoutât timide et les yeux baissés les discours de son cavalier, comme Luigi lisait dans les yeux ardents du beau jeune homme que ces discours étaient des louanges, il lui semblait que la terre tournait sous lui et que toutes les voix de l'enfer lui soufflaient des idées de meurtre et d'assassinat. Alors, craignant de se laisser emporter à sa folie, il se cramponnait d'une main à la charmille contre laquelle il était debout, et de l'autre il serrait d'un mouvement convulsif le poignard au manche sculpté qui était passé dans sa ceinture et que, sans s'en apercevoir, il tirait quelquefois presque entier du fourreau.

Luigi était jaloux! il sentait qu'emportée par sa nature coquette et orgueilleuse Teresa pouvait lui échapper.

Et cependant la jeune paysanne, timide et presque effrayée d'abord, s'était bientôt remise. Nous avons dit que Teresa était belle. Ce n'est pas tout, Teresa était gracieuse, de cette grâce sauvage, bien autrement puissante que notre grâce minaudière et affectée. Elle eut presque les honneurs du quadrille; et si elle fut envieuse de la fille du comte de San Felice, nous n'oserions pas dire que Carmela ne fut pas jalouse d'elle.

Aussi fut-ce avec force compliments que son beau cavalier la reconduisit à la place où il l'avait prise, et où l'attendait Luigi.

Deux ou trois fois pendant la contredanse la jeune fille avait jeté un regard sur lui, et à chaque fois elle l'avait vu pâle et les traits crispés. Une fois même, la lame de son couteau, à moitié tirée de sa gaîne, avait ébloui ses yeux comme un sinistre éclair.

Ce fut donc presqu'en tremblant qu'elle reprit le bras de son amant.

Le quadrille avait eu le plus grand succès, et il était évident qu'il était question d'en faire une seconde édition. Carmela seule s'y opposait; mais le cómte de San-Felice pria sa fille si tendrement qu'elle finit par consentir.

Aussitôt un des cavaliers s'élança pour inviter Teresa, sans laquelle il était impossible que la contredanse eût lieu; mais la jeune fille avait déjà disparu.

En effet, Luigi ne s'était pas senti la force de supporter une seconde épreuve; et, moitié par persuasion et moitié par force, il avait entraîné Teresa vers un autre point du jardin. Teresa avait cédé bien malgré elle; mais elle avait vu à la figure bouleversée du jeune homme, elle comprenait à son silence entrecoupé de tressaillements nerveux que quelque chose d'étrange se passait en lui. Elle-même n'était pas exempte d'une agitation intérieure; et, sans avoir cependant rien fait de mal, elle comprenait que Luigi était en droit de lui faire des reproches: sur quoi? elle l'ignorait; mais elle ne sentait pas moins que ces reproches seraient mérités.

Cependant, au grand étonnement de Teresa, Luigi demeura muet, et pas une parole n'entr'ouvrit ses lèvres pendant tout le reste de la soirée. Seulement, lorsque le froid de la nuit eut chassé les invités des jardins et que les portes de la villa se furent refermées sur eux pour une fête intérieure, il reconduisit Teresa; puis, comme elle allait rentrer chez elle :

— Teresa, dit-il, à quoi pensais-tu lorsque tu dansais en face de la jeune comtesse de San Felice?

— Je pensais, répondit la jeune fille dans toute la franchise de son âme, que je donnerais la moitié de ma vie pour avoir un costume comme celui qu'elle portait.

— Et que te disait ton cavalier?

— Il me disait qu'il ne tiendrait qu'à

moi de l'avoir, et que je n'avais qu'un mot à dire pour cela.

— Il avait raison, répondit Luigi. Le désires-tu aussi ardemment que tu le dis?

— Oui.

— Eh bien, tu l'auras!

La jeune fille étonnée leva la tête pour le questionner; mais son visage était si sombre et si terrible que la parole se glaça sur ses lèvres.

D'ailleurs, en disant ces paroles, Luigi s'était éloigné.

Teresa le suivit des yeux dans la nuit tant qu'elle put l'apercevoir. Puis, lorsqu'il eut disparu, elle rentra chez elle en soupirant.

Cette même nuit il arriva un grand événement par l'imprudence sans doute de quelque domestique qui avait négligé d'éteindre les lumières : le feu prit à la villa San Felice, juste dans les dépendances de l'appartement de la belle Carmela. Réveillée au milieu de la nuit par la lueur des flammes, elle avait sauté en bas de son lit, s'était enveloppée de sa robe de chambre, et avait essayé de fuir par la porte ; mais le corridor par lequel il fallait passer était déjà en proie à l'incendie. Alors elle était rentrée dans sa chambre appelant à grands cris au secours, quand tout à coup sa fenêtre, située à vingt pieds du sol, s'était ouverte ; un jeune paysan s'était élancé dans l'appartement, l'avait prise dans ses bras, et, avec une force et une adresse surhumaines, l'avait transportée sur le gazon de la pelouse, où elle s'était évanouie. Lorsqu'elle avait repris ses sens, son père était devant elle. Tous les serviteurs l'entouraient, lui portant des secours. Une aile tout entière de la villa était brûlée; mais qu'importait, puisque Carmela était saine et sauve!

On chercha partout son libérateur, mais son libérateur ne reparut point; on le demanda à tout le monde, mais personne ne l'avait vu. Quant à Carmela, elle était si troublée qu'elle ne l'avait point reconnu.

Au reste, comme le comte était immensément riche; à part le danger qu'avait couru Carmela, et qui lui parut, par la manière miraculeuse dont elle y avait échappé, plutôt une nouvelle faveur de la Providence qu'un malheur réel, la perte occasionnée par les flammes fut peu de chose pour lui.

Le lendemain à l'heure habituelle, les deux jeunes gens se retrouvèrent à la lisière de la forêt. Luigi était arrivé le premier. Il vint au-devant de la jeune fille avec une grande gaieté ; il semblait avoir complétement oublié la scène de la veille. Teresa était visiblement pensive ; mais en voyant Luigi ainsi disposé, elle affecta de son côté l'insouciance rieuse qui était le fond de son caractère quand quelque passion ne le venait pas troubler.

Luigi prit le bras de Teresa sous le sien, et la conduisit jusqu'à la porte de la grotte. Là il s'arrêta. La jeune fille, comprenant qu'il y avait quelque chose d'extraordinaire, le regarda fixement.

— Teresa, dit Luigi, hier au soir tu m'as dit que tu donnerais tout au monde pour avoir un costume pareil à celui de la fille du comte.

— Oui, dit Teresa avec étonnement, mais j'étais folle de faire un pareil souhait.

— Et moi je t'ai répondu : C'est bien, tu l'auras.

— Oui, reprit la jeune fille, dont l'étonnement croissait à chaque parole de Luigi, mais tu as répondu cela sans doute pour me faire plaisir.

— Je ne t'ai jamais rien promis que je ne te l'aie bien donné, Teresa, dit orgueilleusement Luigi ; entre dans la grotte et habille-toi.

A ces mots, il tira la pierre et montra à Teresa la grotte éclairée par deux bougies qui brûlaient de chaque côté d'un magnifique miroir; sur la table rustique, faite par Luigi, étaient étalés le collier de perles et les épingles de diamants, sur une chaise à côté était déposé le reste du costume.

Teresa poussa un cri de joie, et sans s'informer d'où venait ce costume, sans prendre le temps de remercier Luigi, elle s'élança dans la grotte transformée en cabinet de toilette.

Derrière elle Luigi repoussa la pierre, car il venait d'apercevoir sur la crête d'une petite colline, qui empêchait que de la place où il était on ne vît Palestrina; un voyageur à cheval, qui s'arrêta un instant comme incertain de sa route, se dessinant sur l'azur du ciel avec cette netteté de contour particulière aux lointains des pays méridionaux.

En apercevant Luigi, le voyageur mit son cheval au galop, et vint à lui.

Luigi ne s'était pas trompé; le voyageur, qui allait de Palestrina à Tivoli, était dans le doute de son chemin.

Le jeune homme le lui indiqua; mais, comme à un quart de mille de là la route se divisait en trois sentiers, et qu'arrivé à ces trois sentiers le voyageur pouvait de nouveau s'égarer, il pria Luigi de lui servir de guide.

Luigi détacha son manteau et le déposa à terre, jeta sur son épaule sa carabine, et, dégagé ainsi du lourd vêtement, marcha devant le voyageur de ce pas rapide du montagnard, que le pas d'un cheval a peine à suivre.

En dix minutes, Luigi et le voyageur furent à l'espèce de carrefour indiqué par le jeune pâtre.

Arrivés là, d'un geste majestueux comme celui d'un empereur il étendit la main vers celle des trois routes que le voyageur devait suivre :

—Voilà votre chemin, dit-il, Excellence, vous n'avez plus à vous tromper maintenant.

— Et toi, voici ta récompense, dit le voyageur en offrant au jeune pâtre quelques pièces de menue monnaie.

—Merci, dit Luigi en retirant sa main; je rends un service, je ne le vends pas.

— Mais, dit le voyageur, qui paraissait du reste habitué à cette différence entre la servilité de l'homme des villes et l'orgueil du campagnard, si tu refuses un salaire, tu acceptes au moins un cadeau.

— Ah! oui, c'est autre chose.

— Eh bien, dit le voyageur, prends

ces deux sequins de Venise, et donne-les à ta fiancée pour en faire une paire de boucles d'oreilles.

— Et vous, alors, prenez ce poignard, dit le jeune pâtre, vous n'en trouveriez pas un dont la poignée fût mieux sculptée d'Albano à Civita-Castellane.

— J'accepte, dit le voyageur ; mais alors c'est moi qui suis ton obligé, car ce poignard vaut plus de deux sequins.

— Pour un marchand peut-être ; mais pour moi qui l'ai sculpté moi-même, il vaut à peine une piastre.

— Comment t'appelles-tu ? demanda le voyageur.

— Luigi Vampa, répondit le pâtre, du même air qu'il eût répondu : Alexandre, roi de Macédoine.

— Et vous?

— Moi, dit le voyageur, je m'appelle Simbad le marin.

Franz d'Epinay jeta un cri de surprise.

— Simbad le marin ! dit-il.

— Oui, reprit le narrateur, c'est le nom que le voyageur donna à Vampa comme étant le sien.

— Eh bien ! mais qu'avez-vous à dire contre ce nom? interrompit Albert; c'est un fort beau nom, et les aventures du patron de ce monsieur m'ont, je dois l'avouer, fort amusé dans ma jeunesse.

Franz n'insista pas davantage. Ce nom de Simbad le marin, comme on le comprend bien, avait réveillé en lui tout un monde de souvenirs, comme avait fait la veille celui du comte de Monte-Christo.

— Continuez, dit-il à l'hôte.

— Vampa mit dédaigneusement les deux sequins dans sa poche, et reprit lentement le chemin par lequel il était venu. Arrivé à deux ou trois cents pas de la grotte il crut entendre un cri.

Il s'arrêta écoutant de quel côté venait ce cri.

Au bout d'une seconde, il entendit son nom prononcé distinctement.

L'appel venait du côté de la grotte.

Il bondit comme un chamois, armant son fusil tout en courant, et parvint en moins d'une minute au sommet de la petite colline opposée à celle où il avait aperçu le voyageur.

Là, les cris : Au secours ! arrivèrent à lui plus distincts.

Il jeta les yeux sur l'espace qu'il dominait : un homme enlevait Teresa, comme le centaure Nessus, Déjanire.

Cet homme, qui se dirigeait vers le bois, était déjà aux trois quarts du chemin de la grotte à la forêt.

Vampa mesura l'intervalle ; cet homme avait deux cents pas d'avance au moins sur lui, il n'y avait pas de chance de le rejoindre avant qu'il eût gagné le bois.

Le jeune pâtre s'arrêta comme si ses pieds eussent pris racine. Il appuya la crosse de son fusil à son épaule, leva lentement le canon dans la direction du ravisseur, le suivit une seconde dans sa course, et fit feu.

Le ravisseur s'arrêta court; ses genoux plièrent, et il tomba entraînant Teresa dans sa chute.

Mais Teresa se releva aussitôt; quant au fugitif, il resta couché se débattant dans les convulsions de l'agonie.

Vampa s'élança aussitôt vers Teresa, car à dix pas du moribond les jambes lui avaient manqué à son tour, et elle était retombée à genoux, et le jeune homme avait cette crainte terrible que la balle qui venait d'abattre son ennemi n'eût en même temps blessé sa fiancée.

Heureusement il n'en était rien, c'était la terreur seule qui avait paralysé les forces de Teresa. Lorsque Luigi se fut bien assuré qu'elle était saine et sauve, il se retourna vers le blessé.

Il venait d'expirer les poings fermés, la bouche contractée par la douleur, et les cheveux hérissés sous la sueur de l'agonie.

Ses yeux étaient restés ouverts et menaçants.

Vampa s'approcha du cadavre, et reconnut Cucumetto.

Depuis le jour où le bandit avait été sauvé par les deux jeunes gens, il était devenu amoureux de Teresa et avait juré que la jeune fille serait à lui. Depuis ce jour il l'avait épiée ; et, profitant du moment où son amant l'avait laissée seule pour indiquer le chemin au voyageur, il l'avait enlevée et la croyait déjà à lui, lorsque la balle de Vampa, guidée par le coup d'œil infaillible du jeune pâtre, lui avait traversé le cœur.

Vampa le regarda un instant sans que la moindre émotion se trahît sur son visage, tandis qu'au contraire Teresa, toute tremblante encore, n'osait se rapprocher du bandit mort qu'à petits pas et jetait en hésitant un coup d'œil sur le cadavre par-dessus l'épaule de son amant.

Au bout d'un instant Vampa se retourna vers sa maîtresse.

— Ah, ah! dit-il, c'est bien, tu es habillée, à mon tour de faire ma toilette.

En effet, Teresa était revêtue de la tête aux pieds du costume de la fille du comte de San Felice.

Vampa prit le corps de Cucumetto entre ses bras, l'emporta dans la grotte, tandis qu'à son tour Teresa restait dehors.

Si un second voyageur fût alors passé, il eût vu une chose étrange : c'était une bergère gardant ses brebis avec une robe de cachemire, des boucles d'oreilles et un collier de perles, des épingles de diamants et des boutons de saphirs, d'émeraudes et de rubis.

Sans doute il se fût cru revenu au temps de Florian, et eût affirmé, en revenant à Paris, qu'il avait rencontré la bergère des Alpes assise au pied des monts Sabins.

Au bout d'un quart d'heure Vampa sortit à son tour de la grotte. Son costume n'était pas moins élégant dans son genre que celui de Teresa.

Il avait une veste de velours grenat à

boutons d'or ciselés, un gilet de soie tout couvert de broderies, une écharpe romaine nouée autour du cou, une cartouchière toute piquée d'or et de soie rouge et verte, des culottes de velours bleu de ciel attachées au-dessous du genou par des boucles de diamants, des guêtres de peau de daim bariolées de mille arabesques, et un chapeau où flottaient des rubans de toutes couleurs; deux montres pendaient à sa ceinture, et un magnifique poignard était passé à sa cartouchière.

Teresa jeta un cri d'admiration. Vampa sous cet habit ressemblait à une peinture de Léopold Robert ou de Schnetz.

Il avait revêtu le costume complet de Cucumetto.

Le jeune homme s'aperçut de l'effet qu'il produisait sur sa fiancée, et un sourire d'orgueil passa sur sa bouche.

— Maintenant, dit-il à Teresa, es-tu prête à partager ma fortune quelle qu'elle soit ?

— Oh oui ! s'écria la jeune fille avec enthousiasme.

— A me suivre partout où j'irai ?

— Au bout du monde.

— Alors prends mon bras et partons, car nous n'avons pas de temps à perdre.

La jeune fille passa son bras sous celui de son amant, sans même lui demander où il la conduisait; car en ce moment il lui paraissait beau, fier et puissant comme un dieu.

Et tous deux s'avancèrent dans la forêt, dont au bout de quelques minutes ils eurent franchi la lisière.

Il va sans dire que tous les sentiers de la montagne étaient connus de Vampa; il avança donc dans la forêt sans hésiter un seul instant, quoiqu'il n'y eût aucun chemin frayé, mais seulement reconnaissant la route qu'il devait suivre à la seule inspection des arbres et des buissons: ils marchèrent ainsi une heure et demie à peu près.

Au bout de ce temps, ils étaient arrivés

à l'endroit le plus touffu du bois. Un torrent dont le lit était à sec conduisait dans une gorge profonde. Vampa prit cet étrange chemin, qui, encaissé entre deux rives et rembruni par l'ombre épaisse des pins, semblait, moins la descente facile, ce sentier de l'Averne dont parle Virgile.

Teresa, redevenue craintive à l'aspect de ce lieu sauvage et désert, se serrait contre son guide, sans dire une parole; mais, comme elle le voyait marcher toujours d'un pas égal, comme un calme profond rayonnait sur son visage, elle avait elle-même la force de dissimuler son émotion.

Tout à coup à dix pas d'eux un homme

sembla se détacher d'un arbre derrière lequel il était caché, et mettant Vampa en joue :

— Pas un pas de plus, cria-t-il, ou tu es mort.

— Allons donc, dit Vampa en levant la main avec un geste de mépris tandis que Teresa, ne dissimulant plus sa terreur, se pressait contre lui, est-ce que les loups se déchirent entre eux !

— Qui es-tu ? demanda la sentinelle.

— Je suis Luigi Vampa, le berger de la ferme de San Felice.

— Que veux-tu ?

— Je veux parler à tes compagnons qui sont à la clairière de Rocca Bianca.

— Alors, suis-moi, dit la sentinelle, ou plutôt, puisque tu sais où cela est, marche devant.

Vampa sourit d'un air de mépris à cette précaution du bandit, passa devant avec Teresa et continua son chemin du même pas ferme et tranquille qui l'avait conduit jusque-là.

Au bout de cinq minutes, le bandit leur fit signe de s'arrêter.

Les deux jeunes gens obéirent.

Le bandit imita trois fois le cri du corbeau.

Un croassement répondit à ce triple appel.

— C'est bien, dit le bandit. Maintenant tu peux continuer ta route.

Luigi et Teresa se remirent en chemin.

Mais à mesure qu'ils avançaient, Teresa tremblante se serrait contre son amant; en effet, à travers les arbres on voyait apparaître des armes et étinceler des canons de fusil.

La clairière de Rocca Bianca était au sommet d'une petite montagne qui autrefois sans doute avait été un volcan, volcan éteint avant que Rémus et Romulus n'eussent déserté Albe pour venir bâtir Rome.

Teresa et Luigi atteignirent le sommet et se trouvèrent au même instant en face d'une vingtaine de bandits.

— Voici un jeune homme qui vous cherche et qui désire vous parler, dit la sentinelle.

— Et que veut-il nous dire? demanda celui qui, en l'absence du chef, remplissait l'intérim du capitaine.

— Je veux dire que je m'ennuie de faire le métier de berger, dit Vampa.

— Ah, je comprends! dit le lieutenant, et tu viens nous demander à être admis dans nos rangs?...

— Qu'il soit le bienvenu! crièrent plusieurs bandits de Ferrusino, de Pampinara et d'Anagni, qui avaient reconnu Luigi Vampa.

— Oui, seulement je viens vous demander une autre chose que d'être votre compagnon.

— Et que viens-tu nous demander? dirent les bandits avec étonnement.

— Je viens vous demander à être votre capitaine, dit le jeune homme.

Les bandits éclatèrent de rire.

— Et qu'as-tu fait pour aspirer à cet honneur? demanda le lieutenant.

— J'ai tué votre chef Cucumetto, dont voici la dépouille, dit Luigi, et j'ai mis le feu à la villa de San-Felice pour donner une robe de noce à ma fiancée.

Une heure après, Luigi Vampa était élu capitaine en remplacement de Cucumetto.

— Eh bien, mon cher Albert, dit Franz en se retournant vers son ami, que pensez-vous maintenant du citoyen Luigi Vampa?

— Je dis que c'est un mythe, répondit Albert, et qu'il n'a jamais existé.

— Qu'est-ce que c'est qu'un mythe? demanda Pastrini.

— Ce serait trop long à vous expliquer, mon cher hôte! répondit Franz. Et vous dites donc que maître Vampa exerce en ce moment sa profession aux environs de Rome?

— Et avec une hardiesse dont jamais

bandit avant lui n'avait donné l'exemple.

— La police a tenté vainement de s'en emparer, alors?

— Que voulez-vous! il est d'accord à la fois avec les bergers de la plaine, les pêcheurs du Tibre et les contrebandiers de la côte. On le cherche dans la montagne, il est sur le fleuve; on le poursuit sur le fleuve, il gagne la pleine mer : puis tout à coup, quand on le croit réfugié dans l'île del Giglio, del Guanouti ou de Monte-Christo, on le voit reparaître à Albano, à Tivoli ou à la Riccia.

— Et quelle est sa manière de procéder à l'égard des voyageurs?

— Ah, mon Dieu! c'est bien simple.

Selon la distance où l'on est de la ville, il leur donne huit heures, douze heures, un jour pour payer leur rançon ; puis ce temps écoulé, il accorde une heure de grâce. A la soixantième minute de cette heure, s'il n'a pas l'argent il fait sauter la cervelle du prisonnier d'un coup de pistolet, ou lui plante son poignard dans le cœur, et tout est dit.

— Eh bien, Albert, demanda Franz à son compagnon, êtes-vous toujours disposé à aller au Colisée par les boulevards extérieurs?

— Parfaitement, dit Albert, si la route est plus pittoresque.

En ce moment neuf heures sonnèrent, la porte s'ouvrit et notre cocher parut.

— Excellences, dit-il, la voiture vous attend.

— Eh bien, dit Franz, en ce cas, au Colisée.

— Par la porte del Popolo, Excellences, ou par les rues?

— Par les rues, morbleu! par les rues, s'écria Franz.

— Ah, mon cher! dit Albert en se levant à son tour et en allumant son troisième cigare, en vérité je vous croyais plus brave que cela.

Sur ce, les deux jeunes gens descendirent l'escalier et montèrent en voiture.

## CHAPITRE II.

### APPARITIONS.

Franz avait trouvé un terme moyen pour qu'Albert arrivât au Colisée sans passer devant aucune ruine antique, et par conséquent sans que les préparations graduelles ôtassent au colosse une seule coudée de ses gigantesques proportions. C'était de suivre la via Sistina, de couper à angle droit devant Sainte-Marie-Majeure, et d'arriver par la via Urbana et San Pietro in Vincoli jusqu'à la via del Colosseo.

Cet itinéraire offrait d'ailleurs un autre avantage : c'était celui de ne distraire en rien Franz de l'impression produite sur lui par l'histoire qu'avait racontée maître Pastrini, et dans laquelle se trouvait mêlé son mystérieux amphitryon de Monte-Christo. Aussi s'était-il accoudé dans son coin et était-il retombé dans ces mille interrogatoires sans fin qu'il s'était faits à lui-même et dont pas un ne lui avait donné une réponse satisfaisante.

Une chose, au reste, lui avait encore rappelé son ami Simbad le marin : c'étaient ces mystérieuses relations entre les brigands et les matelots. Ce qu'avait dit maître Pastrini du refuge que trouvait Vampa r les barques des pêcheurs et des contrebandiers rappelait à Franz ces deux bandits corses qu'il avait trouvés soupant avec l'équipage du petit yacht, lequel s'était détourné de son chemin et avait abordé à Porto-Vecchio, dans le seul but de les remettre à terre. Le nom que se donnait son hôte de Monte-Christo, prononcé par son hôte de l'hôtel de Londres, lui prouvait qu'il jouait le même rôle philanthropique sur les côtes de Piombino, de Civita-Vecchia, d'Ostie et de Gaëte que sur celles de Corse, de Toscane et d'Espagne, et, comme lui-même, autant que pouvait se le rappeler Franz, avait parlé de Tunis et de



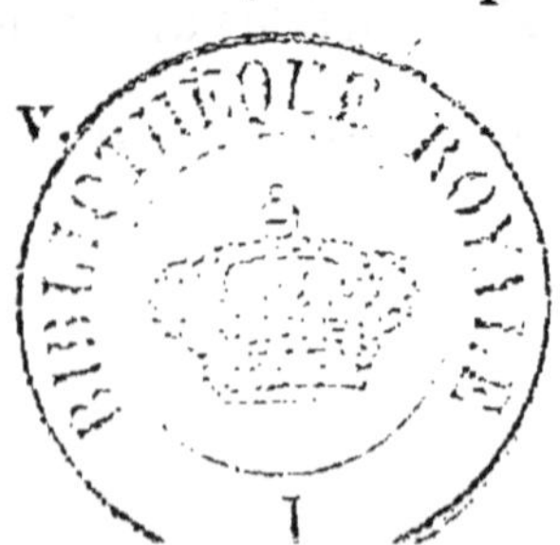

Palerme, c'était une preuve qu'il embrassait un cercle de relations assez étendu.

Mais si puissantes que fussent sur l'esprit du jeune homme toutes ces réflexions, elles s'évanouirent à l'instant où il vit s'élever devant lui le spectre sombre et gigantesque du Colisée, à travers les ouvertures duquel la lune projetait ces longs et pâles rayons qui tombent des yeux des fantômes. La voiture arrêta à quelques pas de la Mesa Sudans. Le cocher vint ouvrir la portière, les deux jeunes gens sautèrent à bas de la voiture et se trouvèrent en face d'un cicérone qui semblait sortir de dessous terre.

Comme celui de l'hôtel les avait suivis, cela leur en faisait deux.

Impossible, au reste, d'éviter à Rome ce luxe de guides : outre le cicérone général qui s'empare de vous au moment où vous mettez le pied sur le seuil de la porte de l'hôtel, et qui ne vous abandonne plus que le jour où vous mettez le pied hors de la ville, il y a encore un cicérone spécial attaché à chaque monument, et je dirai presque à chaque fraction du monument. Qu'on juge donc si l'on doit manquer de cicérone au Colosseo ; c'est-à-dire au monument par excellence, qui faisait dire à Martial :

« Que Memphis cesse de nous vanter »les barbares miracles de ses pyramides, »que l'on ne chante plus les merveilles de »Babylone ; tout doit céder devant l'im»mense travail de l'amphithéâtre des Cé-

»sars; et toutes les voix de la renommée »doivent se réunir pour vanter ce mo»nument. »

Franz et Albert n'essayèrent point de se soustraire à la tyrannie cicéronienne. Au reste, cela serait d'autant plus difficile que ce sont les guides seulement qui ont le droit de parcourir le monument avec des torches. Ils ne firent donc aucune résistance, et se livrèrent pieds et poings liés à leurs conducteurs.

Albert connaissait cette promenade pour l'avoir faite dix fois déjà. Mais comme son compagnon, plus novice, mettait pour la première fois le pied dans le monument de Flavius-Vespasien, je dois l'avouer à sa louange, malgré le caquetage ignorant de ses guides, il était fortement impressionné. C'est qu'en effet on n'a aucune idée, quand on ne l'a pas vue, de la majesté d'une pareille ruine, dont toutes les proportions sont doublées encore par la mystérieuse clarté de cette lune méridionale dont les rayons semblent un crépuscule d'Occident.

Aussi à peine Franz le penseur eut-il fait cent pas sous les portiques intérieurs, qu'abandonnant Albert à ses guides, qui ne voulaient pas renoncer au droit imprescriptible de lui faire voir dans tous leurs détails la Fosse des Lions, la Loge des Gladiateurs, le Podium des Césars, il prit un escalier à moitié ruiné, et, leur laissant continuer leur route symétrique, il alla tout simplement s'asseoir à l'ombre d'une colonne, en face d'une échancrure qui lui permettait d'embrasser le géant de granit dans toute sa majestueuse étendue.

Franz était là depuis un quart d'heure à peu près, perdu, comme je l'ai dit, dans l'ombre d'une colonne, occupé à regarder Albert, qui, accompagné de ses deux porteurs de torches, venait de sortir d'un vomitorium placé à l'autre extrémité du Colisée, et lesquels, pareils à des ombres qui suivent un feu follet, descendaient de gradins en gradins vers les places réservées aux vestales, lorsqu'il lui sembla entendre rouler dans les profondeurs du monument une pierre détachée de l'escalier situé en face de celui qu'il venait de prendre pour arriver à l'endroit où il était assis. Ce n'est pas chose rare sans doute qu'une pierre qui se détache sous le pied du temps et va rouler dans l'abîme ; mais cette fois il lui semblait que c'était aux pieds d'un homme que la pierre avait cédé, et qu'un bruit de pas arrivait jusqu'à lui quoique celui qui l'occasionnait fît tout ce qu'il pût pour l'assourdir.

En effet, au bout d'un instant, un homme parut, sortant graduellement de l'ombre à mesure qu'il montait l'escalier dont l'orifice, situé en face de Franz, était éclairé par la lune, mais dont les degrés, à mesure qu'on les descendait, s'enfonçaient dans l'obscurité.

Ce pouvait être un voyageur comme lui, préférant une méditation solitaire au bavardage insignifiant de ses guides, et par conséquent son apparition n'avait rien qui pût le surprendre ; mais à l'hésitation avec laquelle il monta les dernières marches, à la façon dont, arrivé sur la plate-forme, il s'arrêta et parut écouter, il était évident qu'il était venu là dans un but particulier et qu'il attendait quelqu'un.

Par un mouvement instinctif, Franz s'effaça le plus qu'il put derrière la colonne.

A dix pieds du sol où ils se trouvaient tous deux la voûte était défoncée, et une ouverture ronde, pareille à celle d'un puits, permettait d'apercevoir le ciel tout constellé d'étoiles.

Autour de cette ouverture, qui donnait

peut-être déjà depuis des centaines d'années passage aux rayons de la lune, poussaient des broussailles dont les vertes et frêles découpures se détachaient en vigueur sur l'azur mat du firmament, tandis que de grandes lianes et de puissants jets de lierre pendaient de cette terrasse supérieure et se balançaient sous la voûte pareilles à des cordages flottants.

Le personnage dont l'arrivée mystérieuse avait attiré l'attention de Franz était placé dans une demi-teinte qui ne lui permettait pas de distinguer ses traits, mais qui cependant n'était pas assez obscure pour l'empêcher de détailler son costume : il était enveloppé d'un grand manteau brun dont un des pans, rejeté sur son épaule gauche, lui cachait le bas du visage, tandis que son chapeau à larges bords en couvrait la partie supérieure. L'extrémité seule de ses vêtements se trouvait éclairée par la lumière oblique qui passait par l'ouverture, et qui permettait de distinguer un pantalon noir encadrant coquettement une botte vernie.

Cet homme appartenait évidemment, sinon à l'aristocratie, du moins à la haute société.

Il était là depuis quelques minutes et commençait à donner des signes visibles d'impatience, lorsqu'un léger bruit se fit entendre sur la terrasse supérieure.

Au même instant une ombre parut intercepter la lumière, un homme apparut à l'orifice de l'ouverture, plongea son regard perçant dans les ténèbres, et aperçut l'homme au manteau ; aussitôt il saisit une poignée de ces lianes pendantes et de ces lierres flottants, se laissa glisser, et, arrivé à trois ou quatre pieds du sol, sauta légèrement à terre. Celui-ci avait le costume d'un Transtevere complet.

— Excusez-moi, Excellence, dit-il en dialecte romain, je vous ai fait attendre. Cependant je ne suis en retard que de quelques minutes. Dix heures viennent de sonner à Saint-Jean-de-Latran.

— C'est moi qui étais en avance et non vous qui étiez en retard, répondit l'étranger dans le plus pur toscan ; ainsi pas de cérémonie, d'ailleurs m'eussiez-vous fait attendre que je me serais bien douté que c'était par quelque motif indépendant de votre volonté.

— Et vous auriez eu raison, Excellence, je viens du château Saint-Ange, et j'ai eu toutes les peines du monde à parler à Beppo.

— Qu'est-ce que Beppo?

— Beppo est un employé de la prison, à qui je fais une petite rente pour savoir ce qui se passe dans l'intérieur du château de Sa Sainteté.

— Ah! ah! je vois que vous êtes homme de précaution, mon cher!

— Que voulez-vous, Excellence! on ne

sait pas ce qui peut arriver; peut-être moi aussi serai-je un jour pris au filet comme ce pauvre Peppino, et aurai-je besoin d'un rat pour ronger quelques mailles de ma prison.

— Bref, qu'avez-vous appris?

— Il y aura deux exécutions mardi à deux heures, comme c'est l'habitude à Rome lors les ouvertures des grandes fêtes. Un condamné sera *mazzolato;* c'est un misérable qui a tué un prêtre qui l'avait élevé, et qui ne mérite aucun intérêt. L'autre sera *decapitato*, et celui-là c'est le pauvre Peppino.

— Que voulez-vous, mon cher, vous inspirez une si grande terreur, non seulement au gouvernement pontifical, mais encore aux royaumes voisins, qu'on veut absolument faire un exemple.

— Mais Peppino ne fait pas même partie de ma bande, c'est un pauvre berger qui n'a commis d'autre crime que de nous fournir des vivres.

— Ce qui le constitue parfaitement votre complice. Aussi, voyez qu'on a des égards pour lui, au lieu de l'assommer, comme vous le serez, si jamais on vous met la main dessus, on se contentera de le guillotiner. Au reste, cela variera les plaisirs du peuple et il y aura spectacle pour tous les goûts.

— Sans compter celui que je lui ménage

et auquel il ne s'attend pas, reprit le Transtevere.

— Mon cher ami, permettez-moi de vous dire, reprit l'homme au manteau, que vous me paraissez tout disposé à faire quelque sottise.

— Je suis disposé à tout pour empêcher l'exécution du pauvre diable qui est dans l'embarras pour m'avoir servi ; par la Madone ! je me regarderais comme un lâche, si je ne faisais pas quelque chose pour ce brave garçon.

— Et que ferez-vous ?

— Je placerai une vingtaine d'hommes autour de l'échafaud, et, au moment où on l'amènera, au signal que je donnerai nous nous élancerons le poignard au poing sur l'escorte et nous l'enlèverons.

— Cela me paraît fort chanceux, et je crois décidement que mon projet vaut mieux que le vôtre.

— Et quel est votre projet, Excellence?

— Je donnerai deux mille piastres à quelqu'un que je sais, et qui obtiendra que l'exécution de Peppino soit remise l'année prochaine; puis, dans le courant de l'année, je donnerai mille autres piastres à un autre quelqu'un que je sais encore, et je le ferai évader de prison.

— Êtes-vous sûr de réussir?

— Pardieu, dit en français l'homme au manteau.

— Plaît-il? demanda le Transtevere.

— Je dis, mon cher, que j'en ferai plus à moi seul avec mon or que vous et tous vos gens avec leurs poignards, leurs pistolets, leurs carabines et leurs tromblons. Laissez-moi donc faire.

— A merveille; mais si vous échouez, nous nous tiendrons toujours prêts.

— Tenez-vous toujours prêts, si c'est votre plaisir; mais soyez certain que j'aurai sa grâce.

— C'est après demain mardi, faites-y attention. Vous n'avez plus que demain.

— Eh bien! mais le jour se compose de vingt-quatre heures, chaque heure se compose de soixante minutes, chaque minute de soixante secondes; en quatre-vingt-six mille quatre cents secondes on fait bien des choses.

— Si vous avez réussi, Excellence, comment le saurons-nous?

— C'est bien simple, j'ai loué les trois dernières fenêtres du café Rospoli; si j'ai obtenu le sursis les deux fenêtres du coin seront tendues en damas jaune, mais celle du milieu sera tendue en damas blanc avec une croix rouge.

— A merveille. Et par qui ferez-vous passer la grâce?

— Envoyez-moi un de vos hommes déguisé en pénitent et je la lui donnerai. Grâce à son costume il arrivera jusqu'au pied de l'échafaud et remettra la bulle au chef de la confrérie, qui la remettra au bourreau. En attendant, faites savoir cette nouvelle à Peppino ; qu'il n'aille pas mourir de peur ou devenir fou, ce qui serait cause que nous aurions fait pour lui une dépense inutile.

— Écoutez, Excellence, dit le paysan, je vous suis bien dévoué, et vous en êtes convaincu, n'est-ce pas ?

— Je l'espère au moins.

— Eh bien, si vous sauvez Peppino, ce sera plus que du dévouement à l'avenir, ce sera de l'obéissance.

— Fais attention à ce que tu dis là, mon cher ! je te le rappellerai peut-être un jour, car peut-être un jour moi aussi j'aurai besoin de toi ....

— Eh bien, alors, Excellence, vous me trouverez à l'heure du besoin comme je vous aurai trouvé à cette même heure ; alors, fussiez-vous à l'autre bout du monde, vous n'aurez qu'à m'écrire : « Fais cela, » et je le ferai, foi de...

— Chut ! dit l'inconnu, j'entends du bruit.

— Ce sont des voyageurs qui visitent le Colisée aux flambeaux.

— Il est inutile qu'ils nous trouvent ensemble. Ces mouchards de guides pourraient vous reconnaître, et, si honorable que soit votre amitié, mon cher ami, si on nous savait liés comme nous le sommes, cette liaison, j'en ai bien peur, me ferait perdre quelque peu de mon crédit.

— Ainsi, si vous avez le sursis?...

— La fenêtre du milieu tendue en damas avec une croix rouge.

— Si vous ne l'avez pas?...

— Trois tentures jaunes.

— Et alors?...

— Alors, mon cher ami, jouez du poignard tout à votre aise, je vous le permets et je serai là pour vous voir faire.

— Adieu, Excellence; je compte sur vous, comptez sur moi.

A ces mots le Transtevere disparut par l'escalier, tandis que l'inconnu, se couvrant plus que jamais le visage de son manteau, passa à deux pas de Franz et descendit dans l'arène par les gradins extérieurs.

Une seconde après, Franz entendit son nom retentir sous les voûtes : c'était Albert qui l'appelait.

Il attendit pour répondre que les deux hommes fussent éloignés, ne se souciant pas de leur apprendre qu'ils avaient eu un témoin qui, s'il n'avait pas vu leur visage, n'avait pas perdu un mot de leur entretien.

Dix minutes après, Franz roulait vers l'hôtel d'Espagne écoutant avec une distraction fort impertinente la savante dissertation qu'Albert faisait, d'après Pline et Calpurnius, sur les filets garnis de pointes de fer qui empêchaient les animaux féroces de s'élancer sur les spectateurs.

Il le laissait aller sans le contredire, il avait hâte de se trouver seul pour penser sans distraction à ce qui venait de se passer devant lui.

De ces deux hommes l'un lui était certainement étranger, et c'était la première fois qu'il le voyait et l'entendait; mais il n'en était pas ainsi de l'autre, et, quoique Franz n'eût pas distingué son visage constamment enseveli dans l'ombre ou caché par son manteau, les accents de cette voix l'avaient trop frappé la première fois qu'il les avait entendus pour qu'ils pussent jamais retentir devant lui sans qu'il les reconnût. Il y avait surtout dans les intonations railleuses quelque chose de strident et de métallique qui l'avait fait tressaillir dans les ruines du Colisée comme dans la grotte de Monte-Christo. Aussi était-il bien convaincu que cet homme n'était autre que Simbad le marin.

Aussi, en toute autre circonstance, la curiosité que lui avait inspirée cet homme eût été si grande qu'il se serait fait reconnaître à lui ; mais dans cette occasion, la conversation qu'il venait d'entendre était trop intime pour qu'il ne fût pas retenu par la crainte très-sensée que son apparition ne lui serait pas agréable. Il l'avait donc laissé s'éloigner, comme on l'a vu, mais en se promettant, s'il le rencontrait une autre fois, de ne pas laisser échapper cette seconde occasion comme il avait fait de la première.

Franz était trop préoccupé pour bien dormir. Sa nuit fut employée à passer et à repasser dans son esprit toutes les circonstances qui se rattachaient à l'homme de la grotte et à l'inconnu du Colisée, et qui tendaient à faire de ces deux personnages le même individu; et plus Franz y pensait, plus il s'affermissait dans cette opinion.

Il s'endormit au jour, ce qui fit qu'il ne s'éveilla que fort tard. Albert, en véritable Parisien, avait déjà pris ses précautions pour la soirée. Il avait envoyé chercher une loge au théâtre Argentina.

Franz avait plusieurs lettres à écrire en France, il abandonna donc pour toute la journée la voiture à Albert.

A cinq heures, Albert rentra; il avait porté ses lettres de recommandation, avait des invitations pour toutes ses soirées et avait vu Rome.

Une journée avait suffi à Albert pour tout cela.

Et encore avait-il eu le temps de s'informer de la pièce qu'on jouait et des acteurs qui la joueraient.

La pièce avait titre : *Parisina;* les acteurs avaient nom : Coselli, Moriani et la Spech.

Nos deux jeunes gens n'étaient pas si malheureux, comme on le voit : ils allaient assister à la représentation d'un des meilleurs opéras de l'auteur de *Lucia di Lammermoor*, joué par trois des artistes les plus renommés de l'Italie.

Albert n'avait jamais pu s'habituer aux théâtres ultramontains, à l'orchestre desquels on ne va pas, et qui n'ont ni balcons, ni loges découvertes ; c'était dur pour un homme qui avait sa stalle aux Bouffes et sa part de la loge infernale à l'Opéra.

Ce qui n'empêchait pas Albert de faire des toilettes flamboyantes toutes les fois qu'il allait à l'Opéra avec Franz : toilettes perdues ; car, il faut l'avouer à la honte d'un des représentants les plus dignes de notre fashion, depuis quatre mois qu'il sillonnait l'Italie en tout sens Albert n'avait pas eu une seule aventure.

Albert essayait quelquefois de plaisanter à cet endroit; mais au fond il était singulièrement mortifié, lui, Albert de Morcerf, un des jeunes gens les plus courus, d'en être encore pour ses frais. La chose était d'autant plus pénible, que, selon l'habitude modeste de nos chers compatriotes, Albert était parti de Paris avec cette conviction qu'il allait avoir en Italie les plus grands succès et qu'il viendrait faire les délices du boulevard de Gand du récit de ses bonnes fortunes.

Hélas! il n'en avait rien été: les charmantes comtesses génoises, florentines et napolitaines s'en étaient tenues, non pas à leurs maris, mais à leurs amants, et Albert avait acquis cette cruelle conviction, que les Italiennes ont du moins sur les Françaises l'avantage d'être fidèles à leur infidélité.

Je ne veux pas dire qu'en Italie, comme partout, il n'y ait pas des exceptions.

Et cependant Albert était non-seulement un cavalier parfaitement élégant, mais encore un homme de beaucoup d'esprit; de plus il était vicomte : vicomte de nouvelle noblesse, c'est vrai; mais aujourd'hui qu'on ne fait plus ses preuves, qu'importe qu'on date de 1399 ou de 1815! par-dessus tout cela, il avait cinquante mille livres de rente. C'était plus qu'il n'en faut, comme on voit, pour être à la mode à Paris. C'était donc quelque peu humiliant de n'avoir encore été sérieusement remarqué par personne dans aucune des villes où il avait passé.

Mais aussi comptait-il se rattraper à Rome, le carnaval étant, dans tous les pays de la terre qui célèbrent cette estimable institution, une époque de liberté où les plus sévères se laissent entraîner à quelque acte de folie. Or, comme le carnaval s'ouvrait le lendemain, il était fort important qu'Albert lançât son prospectus avant cette ouverture.

Albert avait donc dans cette intention loué une des loges les plus apparentes du théâtre, et fait pour s'y rendre une toilette irréprochable. C'était au premier rang, qui remplace chez nous la galerie. Au reste, les trois premiers étages sont aussi aristocratiques les uns que les autres, et on les appelle pour cette raison les rangs nobles.

Au reste, cette loge, où l'on pouvait tenir à douze sans être serré, avait coûté aux deux amis un peu moins cher qu'une loge de quatre personnes à l'Ambigu.

Albert avait encore un autre espoir, c'est que s'il arrivait à prendre place dans le cœur d'une belle Romaine, cela le conduirait naturellement à conquérir un *posto* dans la voiture, et par conséquent à voir le carnaval du haut d'un véhicule aristocratique ou d'un balcon princier.

Toutes ces considérations rendaient donc Albert plus sémillant qu'il ne l'avait jamais été. Il tournait le dos aux acteurs, se penchant à moitié hors de la loge, et lorgnant toutes les jolies femmes avec une jumelle de six pouces de long.

Ce qui n'amenait pas une seule jolie femme à récompenser d'un seul regard, même de curiosité, tout le mouvement que se donnait Albert.

En effet, chacun causait de ses affaires, de ses amours, de ses plaisirs, du carnaval qui s'ouvrait le lendemain, de la semaine sainte prochaine, sans faire attention un seul instant ni aux acteurs, ni à la pièce, à l'exception des moments indiqués, où chacun alors se retournait, soit pour entendre une portion de récitatif de Coselli, soit pour applaudir quelque trait brillant de Moriani, soit pour crier bravo à la Spech ; puis les conversations particulières reprenaient leur train habituel.

Vers la fin du premier acte, la porte d'une loge restée vide jusque-là s'ouvrit, et Franz vit entrer une personne à laquelle il avait eu l'honneur d'être présenté à Paris et qu'il croyait encore en France. Albert vit le mouvement que fit son ami à cette apparition, et se retournant vers lui :

— Est-ce que vous connaissez cette femme ? dit-il.

— Oui ; comment la trouvez-vous ?

— Charmante, mon cher, et blonde.

Oh! les adorables cheveux! C'est une Française?

— C'est une Vénitienne.

— Et vous l'appelez?

— La comtesse G....

— Oh! je la connais de nom, s'écria Albert; on la dit aussi spirituelle que jolie. Parbleu, quand je pense que j'aurais pu me faire présenter à elle au dernier bal de madame de Villefort, où elle était, et que j'ai négligé cela, je suis un grand niais!

— Voulez-vous que je répare ce tort? demanda Franz.

— Comment! vous la connaissez assez intimement pour me conduire dans sa loge?

— J'ai eu l'honneur de lui parler trois ou quatre fois dans ma vie; mais, vous le savez, c'est strictement assez pour ne pas commettre une inconvenance.

En ce moment la comtesse aperçut Franz et lui fit de la main un signe gracieux, auquel il répondit par une respectueuse inclination de tête.

— Ah çà, mais il me semble que vous êtes au mieux avec elle? dit Albert.

— Eh bien! voilà ce qui vous trompe et ce qui nous fera faire sans cesse, à nous autres Français, mille sottises; et l'étrange c'est de tout soumettre à nos points de vue parisiens; en Espagne et en Italie surtout, ne jugez jamais de l'intimité des gens sur la liberté des rapports. Nous nous sommes trouvés en sympathie avec la comtesse, voilà tout.

— En sympathie de cœur? demanda Albert en riant.

— Non, d'esprit, voilà tout, répondit sérieusement Franz.

— Et à quelle occasion?

— A l'occasion d'une promenade de Colisée pareille à celle que nous avons faite ensemble.

— Au clair de la lune?

— Oui.

— Seuls?

— A peu près.

— Et vous avez parlé...

— Des morts.

— Ah! s'écria Albert; c'était en vérité fort récréatif. Eh bien! moi, je vous promets que si j'ai le bonheur d'être le cavalier de la belle comtesse dans une pareille promenade, je ne lui parlerai que des vivants.

— Et vous aurez peut-être tort.

— En attendant, vous allez me présenter à elle comme vous me l'avez promis?

— Aussitôt la toile baissée.

— Que ce diable de premier acte est long!

— Écoutez le finale, il est fort beau, et Coselli le chante admirablement.

— Oui, mais quelle tournure!

— La Spech y est on ne peut plus dramatique.

— Vous comprenez que lorsqu'on a entendu la Sontag et la Malibran...

— Ne trouvez-vous pas la méthode de Moriani excellente?

— Je n'aime pas les bruns qui chantent blond.

— Ah! mon cher, dit Franz en se retournant, tandis qu'Albert continuait de lorgner, en vérité vous êtes par trop difficile.

Enfin la toile tomba à la grande satisfaction du vicomte de Morcerf, qui prit son chapeau, donna un coup de main rapide à ses cheveux, à sa cravate et à ses manchettes, et fit observer à Franz qu'il l'attendait.

Comme de son côté la comtesse, que Franz interrogeait des yeux, lui fit comprendre par un signe qu'il serait le bienvenu, Franz ne mit aucun retard à satisfaire l'empressement d'Albert, et faisant, suivi de son compagnon, qui profitait du voyage pour rectifier les faux plis que les mouvements avaient pu imprimer à son col de chemise et au revers de son habit, le tour de l'hémicycle, il vint frapper à la loge n° 4, qui était celle qu'occupait la comtesse.

Aussitôt le jeune homme qui était assis à côté d'elle sur le devant de la loge se leva, cédant sa place, selon l'habitude italienne, au nouveau venu qui doit la céder à son tour lorsqu'une autre visite arrive.

Franz présenta Albert à la comtesse comme un de nos jeunes gens les plus distingués par sa position sociale et par son esprit; ce qui, d'ailleurs, était vrai, car à Paris et dans le milieu où vivait Albert c'était un cavalier irréprochable. Il y ajouta que, désespéré de n'avoir pas su profiter du séjour de la comtesse à Paris pour se faire présenter à elle, il l'avait chargé de réparer cette faute, mission dont il s'aquittait en priant la comtesse, près de laquelle il aurait eu besoin lui-même d'un introducteur, d'excuser son indiscrétion.

La comtesse répondit en faisant un charmant salut à Albert et en tendant la main à Franz.

Albert, invité par elle, prit la place vide sur le devant, et Franz s'assit au second rang derrière la comtesse.

Albert avait trouvé un excellent sujet de conversation, c'était Paris; il parlait à la comtesse de leurs connaissances communes. Franz comprit qu'il était sur le terrain. Il le laissa aller, et lui demandant sa gigantesque lorgnette il se mit à son tour à explorer la salle.

Seule sur le devant d'une loge, placée au troisième rang en face d'eux, était une femme admirablement belle, vêtue d'un costume grec, qu'elle portait avec tant d'aisance qu'il était évident que c'était son costume naturel.

Derrière elle, dans l'ombre, se dessinait la forme d'une homme dont il était impossible de distinguer le visage.

Franz interrompit la conversation d'Albert et de la comtesse pour demander à cette dernière si elle connaissait la belle Albanaise qui était si digne d'attirer non seulement l'attention des hommes, mais encore des femmes.

— Non, dit-elle; tout ce que je sais c'est qu'elle est à Rome depuis le commencement de la saison; car à l'ouverture du théâtre je l'ai vue où elle est; et depuis un mois elle n'a pas manqué une seule représentation, tantôt accompagnée de l'homme qui est avec elle en ce moment, tantôt suivie simplement d'un domestique noir.

— Comment la trouvez-vous, comtesse?

— Extrêmement belle. Medora devait ressembler à cette femme.

Franz et la comtesse échangèrent un sourire. Elle se remit à causer avec Albert, et Franz à lorgner son Albanaise.

La toile se leva sur le ballet. C'était un de ces bons ballets italiens mis en scène par le fameux Henri, qui s'était fait comme chorégraphe, en Italie, une réputation colossale, que le malheureux est venu perdre au théâtre nautique; un de ces ballets où tout le monde depuis le premier sujet jusqu'au dernier comparse prend une part si active à l'action, que cent cinquante personnes font à la fois le même geste et lèvent ensemble ou le même bras, ou la même jambe.

On appelait ce ballet *Poliska*.

Franz était trop préoccupé de sa belle Grecque pour s'occuper du ballet si intéressant qu'il fût. Quant à elle, elle prenait un plaisir visible à ce spectacle : plaisir qui faisait une opposition suprême avec l'insouciance profonde de celui qui l'accompagnait, et qui, tant que dura le chef-d'œuvre chorégraphique, ne fit pas un mouvement ; paraissant, malgré le bruit infernal que menaient les trompettes, les cymbales et les chapeaux chinois à l'orchestre, goûter les célestes douceurs d'un sommeil paisible et radieux.

Enfin le ballet finit, et la toile tomba au milieu des applaudissements frénétiques d'un parterre enivré.

Grâce à cette habitude de couper l'opéra par un ballet, les entr'actes sont très-courts en Italie, les chanteurs ayant le temps de se reposer et de changer de costume tandis que les danseurs exécutent leurs pirouettes et confectionnent leurs entrechats.

L'ouverture du second acte commença; aux premiers coups d'archet Franz vit le dormeur se soulever lentement et se rapprocher de la Grecque, qui se retourna pour lui adresser quelques paroles et s'accouda de nouveau sur le devant de la loge.

La figure de son interlocuteur était toujours dans l'ombre, et Franz ne pouvait distinguer aucun de ses traits.

La toile se leva ; l'attention de Franz fut nécessairement attirée par les acteurs, et ses yeux quittèrent un instant la loge de la belle Grecque pour se porter vers la scène.

L'acte s'ouvre, comme on sait, par le duo du rêve : Parisina, couchée, laisse échapper devant Azzo le secret de son amour pour Ugo ; l'époux trahi passe par toutes les fureurs de la jalousie, jusqu'à ce que, convaincu que sa femme lui est infidèle, il la réveille pour lui annoncer sa prochaine vengeance.

Ce duo est un des plus beaux, des plus expressifs et des plus terribles qui soient sortis de la plume féconde de Donizetti. Franz l'entendait pour la troisième fois, et, quoiqu'il ne passât pas pour un mélomane enragé, il produisit sur lui un effet profond. Il allait en conséquence joindre ses applaudissements à ceux de la salle, lorsque ses mains, prêtes à se réunir, restèrent écartées et que le bravo qui s'échappait de sa bouche expira sur ses lèvres.

L'homme de la loge s'était levé tout debout, et, sa tête se trouvant dans la lumière, Franz venait de retrouver le mystérieux habitant de Monte-Christo, celui dont la veille il lui avait si bien semblé reconnaître la taille et la voix dans les ruines du Colisée.

Il n'y avait plus de doute, l'étrange voyageur habitait Rome.

Sans doute l'expression de la figure de Franz était en harmonie avec le trouble que cette apparition jetait dans son esprit, car la comtesse le regarda, éclata de rire, et lui demanda ce qu'il avait.

— Madame la comtesse, répondit Franz, je vous ai demandé tout à l'heure si vous connaissiez cette femme albanaise, maintenant je vous demanderai si vous connaissez son mari.

— Pas plus qu'elle, répondit la comtesse.

— Vous ne l'avez jamais remarqué?

— Voilà bien une question à la française! Vous savez bien que, pour nous autres Italiennes, il n'y a pas d'autre homme au monde que celui que nous aimons!

— C'est juste, répondit Franz.

— En tout cas, dit-elle en appliquant les jumelles d'Albert à ses yeux et en les dirigeant vers la loge, ce doit être quelque nouveau déterré, quelque trépassé sorti du tombeau avec la permission du fossoyeur, car il me semble affreusement pâle.

— Il est toujours comme cela, répondit Franz.

— Vous le connaissez donc? demanda la comtesse; alors c'est moi qui vous demanderai qui il est.

— Je crois l'avoir déjà vu, et il me semble le reconnaître.

— En effet, dit-elle en faisant un mouvement de ses belles épaules comme si un frisson lui passait dans les veines, je comprends que lorsqu'on a une fois vu un pareil homme on ne l'oublie jamais.

L'effet que Franz avait éprouvé n'était donc pas une impression particulière, puisqu'une autre personne le ressentait comme lui.

— Eh bien, demanda Franz à la comtesse après qu'elle eut pris sur elle de le lorgner une seconde fois, que pensez-vous de cet homme?

— Que cela me paraît être lord Ruthwen en chair et en os.

En effet, ce nouveau souvenir de Byron frappa Franz: si un homme pouvait le faire croire à l'existence des vampires, c'était cet homme.

— Il faut que je sache qui il est, dit Franz en se levant.

— Oh non! s'écria la comtesse; non, ne me quittez pas, je compte sur vous pour me reconduire, et je vous garde.

— Comment! véritablement, lui dit Franz en se penchant à son oreille, vous avez peur?

— Écoutez, lui dit-elle, Byron m'a juré qu'il croyait aux vampires, il m'a dit qu'il en avait vu, il m'a dépeint leur visage, eh bien! c'est absolument cela : ces cheveux noirs, ces grands yeux brillant d'une flamme étrange, cette pâleur mortelle; puis, remarquez qu'il n'est pas avec une femme comme toutes les femmes, il est avec une étrangère... une Grecque... une schismatique... sans doute quelque magicienne comme lui... Je vous en prie, n'y allez pas. Demain mettez-vous à sa recherche si bon vous semble, mais aujourd'hui je vous déclare que je vous garde.

Franz insista.

— Écoutez, dit-elle en se levant, je m'en vais, je ne puis rester jusqu'à la fin du spectacle, j'ai du monde chez moi, serez-vous assez peu galant pour me refuser votre compagnie?

Il n'y avait d'autre réponse à faire que de prendre son chapeau, d'ouvrir la porte et de présenter son bras à la comtesse.

C'est ce qu'il fit.

La comtesse était véritablement fort émue; et Franz lui-même ne pouvait échapper à une certaine terreur superstitieuse, d'autant plus naturelle que ce qui était chez la comtesse le produit d'une sensation instinctive était chez lui le résultat d'un souvenir.

Il sentit qu'elle tremblait en montant en voiture.

Il la reconduisit jusque chez elle : il n'y avait personne et elle n'était aucunement attendue ; il lui en fit le reproche.

— En vérité, lui dit-elle, je ne me sens pas bien, et j'ai besoin d'être seule ; la vue de cet homme m'a toute bouleversée.

Franz essaya de rire.

— Ne riez pas, lui dit-elle ; d'ailleurs vous n'en avez pas envie. Puis promettez-moi une chose.

— Laquelle ?

— Promettez-la-moi.

— Tout ce que vous voudrez, excepté de renoncer à découvrir quel est cet homme. J'ai des motifs que je ne puis vous dire pour désirer savoir qui il est, d'où il vient et où il va.

— D'où il vient, je l'ignore; mais où il va, je puis vous le dire : il va en enfer à coup sûr.

— Revenons à la promesse que vous vouliez exiger de moi, comtesse? dit Franz.

— Ah! c'est de rentrer directement à l'hôtel et de ne pas chercher ce soir à voir cet homme. Il y a certaines affinités entre les personnes que l'on quitte et les personnes que l'on rejoint. Ne servez pas de conducteur entre cet homme et moi. Demain courez après lui si bon vous semble; mais ne me le présentez jamais, si vous ne voulez pas me faire mourir de peur. Sur ce, bonsoir, tâchez de dormir, moi je sais bien qui ne dormira pas.

Et à ces mots la comtesse quitta Franz, le laissant indécis de savoir si elle s'était amusée à ses dépens ou si elle avait véritablement ressenti la crainte qu'elle avait exprimée.

En rentrant à l'hôtel Franz trouva Albert en robe de chambre, en pantalon à pied, voluptueusement étendu sur un fauteuil, et fumant son cigare.

— Ah, c'est vous! lui dit-il; ma foi, je ne vous attendais que demain.

— Mon cher Albert, répondit Franz, je suis heureux de trouver l'occasion de vous dire une fois pour toutes que vous avez la plus fausse idée des femmes italiennes ; il me semble pourtant que vos mécomptes amoureux auraient dû vous la faire perdre.

— Que voulez-vous! ces diablesses de femmes, c'est à n'y rien comprendre! Elles vous donnent la main, elles vous la serrent ; elles vous parlent tout bas, elles se font reconduire chez elles : avec le quart de ces manières de faire, une Parisienne se perdrait de réputation.

— Eh! justement c'est parce qu'elles n'ont rien à cacher, c'est parce qu'elles vivent au grand soleil, que les femmes y mettent si peu de façons dans le beau pays où résonne le *si*, comme dit Dante. D'ailleurs vous avez bien vu que la comtesse a eu véritablement peur.

— Peur de quoi? de cet honnête monsieur qui était en face de nous avec cette jolie Grecque? Mais j'ai voulu en avoir le cœur net quand ils sont sortis, et je les ai croisés dans le corridor. Je ne sais pas où diable vous avez pris toutes vos idées de l'autre monde! C'est un fort beau garçon qui est fort bien mis, et qui a tout l'air de se faire habiller en France chez Blin ou chez Humann. Un peu pâle, c'est vrai; mais vous savez que la pâleur est un cachet de distinction.

Franz sourit, Albert avait de grandes prétentions à être pâle.

— Aussi, lui dit Franz, je suis convaincu que les idées de la comtesse sur cet homme n'ont pas le sens commun. A-t-il parlé près de vous et avez-vous entendu quelques-unes de ses paroles ?

— Il a parlé, mais en romaïque. J'ai reconnu l'idiome à quelques mots grecs défigurés. Il faut vous dire, mon cher, qu'au collége j'étais très-fort en grec.

— Ainsi il parlait le romaïque ?

— C'est probable.

— Plus de doute, murmura Franz, c'est lui.

— Vous dites ?....

— Rien. Que faisiez-vous donc là ?

— Je vous ménageais une surprise.

— Laquelle ?

— Vous savez qu'il est impossible de se procurer une calèche?

— Pardieu! puisque nous avons fait inutilement tout ce qu'il était humainement possible de faire pour cela.

— Eh bien! j'ai eu une idée merveilleuse.

Franz regarda Albert en homme qui n'avait pas grande confiance dans son imagination.

— Mon cher, dit Albert, vous m'honorez là d'un regard qui mériterait bien que je vous demandasse réparation.

—Je suis prêt à vous la faire, cher ami, si l'idée est aussi ingénieuse que vous le dites.

— Écoutez.

— J'écoute.

— Il n'y a pas moyen de se procurer de voiture, n'est-ce pas?

— Non.

— Ni de chevaux?

— Pas davantage.

— Mais l'on peut se procurer une charrette?

— Peut-être.

— Une paire de bœufs?

— C'est probable.

— Eh bien, mon cher! voilà notre affaire. Je vais faire décorer la charrette, nous nous habillons en moissonneurs napolitains, et nous représentons au naturel le magnifique tableau de Léopold Robert. Si, pour plus grande ressemblance, la comtesse veut prendre le costume d'une femme de Puzzole ou de Sorrente, cela complètera la mascarade, et elle est assez belle pour qu'on la prenne pour l'original de la femme à l'enfant.

— Pardieu ! s'écria Franz, pour cette fois vous avez raison, monsieur Albert, et voilà une idée véritablement heureuse.

— Et toute nationale, renouvelée des rois fainéants, mon cher, rien que cela ! Ah ! messieurs les Romains, vous croyez qu'on courra à pied par vos rues comme des lazzaroni, et cela parce que vous manquez de calèches et de chevaux ; eh bien ! on en inventera.

— Et avez-vous déjà fait part à quelqu'un de cette triomphante imagination ?

—A notre hôte. En rentrant, je l'ai fait monter et lui ai exposé mes désirs. Il m'a assuré que rien n'était plus facile ; je voulais faire dorer les cornes des bœufs, mais il m'a dit que cela demanderait trois jours : il faudra donc nous passer de cette superfluité.

— Et où est-il ?

— Qui ?

— Notre hôte ?

— En quête de la chose. Demain, il serait déjà peut-être un peu tard.

—De sorte qu'il va nous rendre réponse ce soir même ?

— Je l'attends.

En ce moment la porte s'ouvrit, et maître Pastrini passa la tête.

— *Permesso?* dit-il.

— Certainement que c'est permis ! s'écria Franz.

— Eh bien, dit Albert, nous avez-vous trouvé la charrette requise et les bœufs demandés ?

—J'ai trouvé mieux que cela, répondit-il d'un air parfaitement satisfait de lui-même.

— Ah ! mon cher hôte, prenez garde, dit Albert, le mieux est l'ennemi du bien.

— Que Vos Excellences s'en rapportent à moi, dit maître Pastrini d'un ton capable.

— Mais enfin, qu'y a-t-il ? demanda Franz à son tour.

— Vous savez, dit l'aubergiste, que le comte de Monte-Christo habite sur le même carré que vous ?

— Je le crois bien, dit Albert, puisque c'est grâce à lui que nous sommes logés comme deux étudiants de la rue Saint-Nicolas-du-Chardonnet.

— Eh bien, il sait l'embarras dans lequel vous vous trouvez, et vous fait offrir deux places dans sa voiture, et deux places à ses fenêtres du palais Rospoli.

Albert et Franz se regardèrent.

— Mais, demanda Albert, devons-nous accepter l'offre de cet étranger, d'un homme que nous ne connaissons pas?

— Quel homme est-ce que ce comte de Monte-Christo, demanda Franz à son hôte?

— Un très-grand seigneur sicilien ou maltais, je ne sais pas au juste, mais noble comme un Borghèse et riche comme une mine d'or.

— Il me semble, dit Franz à Albert, que, si cet homme était d'aussi bonnes manières que le dit notre hôte, il aurait dû nous faire parvenir son invitation d'une autre façon, soit en nous écrivant, soit....

En ce moment on frappa à la porte.

— Entrez, dit Franz.

Un domestique, vêtu d'une livrée parfaitement élégante, parut sur le seuil de la chambre.

— De la part du comte de Monte-Christo, pour M. Franz d'Epinay et pour M. le comte Albert de Morcerf, dit-il.

Et il présenta à l'hôte deux cartes, que celui-ci remit aux jeunes gens.

— M. le comte de Monte-Christo, continua le domestique, fait demander à ces messieurs la permission de se présenter en voisin demain matin chez eux, il aura l'honneur de s'informer auprès de ces messieurs à quelle heure ils seront visibles.

— Ma foi, dit Albert à Franz, il n'y a rien à y reprendre, tout y est.

— Dites au comte, répondit Franz, que c'est nous qui aurons l'honneur de lui faire notre visite.

Le domestique se retira.

— Voilà ce qui s'appelle faire assaut d'élégance, dit Albert; allons, décidément vous aviez raison, maître Pastrini, et c'est un homme tout à fait comme il faut que votre comte de Monte-Christo.

— Alors vous acceptez son offre? dit l'hôte.

— Ma foi oui, répondit Albert. Cependant, je vous l'avoue, je regrette notre charrette et les moissonneurs; et s'il n'y avait pas la fenêtre du palais Rospoli pour faire compensation à ce que nous perdons, je crois que j'en reviendrais à ma première idée: qu'en dites-vous, Franz?

— Je dis que ce sont aussi les fenêtres du palais Rospoli qui me décident, répondit Franz à Albert.

En effet, cette offre de deux places à une fenêtre du palais Rospoli avait rappelé à Franz la conversation qu'il avait entendue dans les ruines du Colisée entre son inconnu et son Transtevere ; conversation dans laquelle l'engagement avait été pris par l'homme au manteau d'obtenir la grâce du condamné. Or, si l'homme au manteau était, comme tout portait Franz à le croire, le même que celui dont l'apparition dans la salle Argentina l'avait si fort préoccupé, il le reconnaîtrait sans aucun doute, et alors rien ne l'empêcherait de satisfaire sa curiosité à son égard.

Franz passa une partie de la nuit à rêver à ses deux apparitions et à désirer le lendemain. En effet, le lendemain tout devait s'éclaircir ; et cette fois, à moins que son hôte de Monte-Christo ne possédât l'anneau de Gygès, et, grâce à cet anneau, la faculté de se rendre invisible, il était évident qu'il ne lui échapperait pas. Aussi fut-il éveillé avant huit heures. Quant à Albert, comme il n'avait pas les mêmes motifs que Franz d'être matinal, il dormait encore de son mieux.

Franz fit appeler son hôte, qui se présenta avec son obséquiosité ordinaire.

— Maître Pastrini, lui dit-il, ne doit-il pas y avoir aujourd'hui une exécution?

— Oui, Excellence; mais si vous me demandez cela pour avoir une fenêtre, vous vous y prenez bien tard.

— Non, reprit Franz; d'ailleurs, si je tenais absolument à voir ce spectacle, je trouverais place, je pense, sur le mont Pincio.

— Oh! je présumais que Votre Excellence ne voudrait pas se compromettre avec toute la canaille dont c'est en quelque sorte l'amphithéâtre naturel.

— Il est probable que je n'irai pas, dit Franz; mais je désirerais avoir quelques détails.

— Lesquels?

— Je voudrais savoir le nombre des condamnés, leurs noms et le genre de leur supplice.

— Cela tombe à merveille, Excellence! on vient justement de m'apporter les *tavolette.*

— Qu'est-ce que les *tavolette*?

— Les *tavolette* sont des tablettes en bois

que l'on accroche à tous les coins de rue la veille des exécutions, et sur lesquelles on colle les noms des condamnés, la cause de leur condamnation et le mode de leur supplice. — Cet avis a pour but d'inviter les fidèles à prier Dieu, de donner aux coupables un repentir sincère.

— Et l'on vous apporte ces *tavolette* pour que vous joigniez vos prières à celles des fidèles ? demanda Franz d'un air de doute.

— Non, Excellence ; je me suis entendu avec le colleur, et il m'apporte cela comme il m'apporte les affiches de spectacle, afin que si quelques-uns de mes voyageurs désirent assister à l'exécution, ils soient prévenus.

— Ah ! mais c'est une attention tout à fait délicate, s'écria Franz.

— Oh ! dit maître Pastrini en souriant, je puis me vanter de faire tout ce qui est en mon pouvoir pour satisfaire les nobles étrangers qui m'honorent de leur confiance.

— C'est ce que je vois, mon hôte! et c'est ce que je répéterai à qui voudra l'entendre, soyez-en bien certain. En attendant, je désirerais lire une de ces *tavolette*.

— C'est bien facile, dit l'hôte en ouvrant la porte, j'en ai fait mettre une là sur le carré.

Il sortit, détacha la *tavoletta*, et la présenta à Franz.

Voici la traduction littérale de l'affiche patibulaire :

« On fait savoir à tous que le mardi 22 février, premier jour du carnaval, seront, par arrêt du tribunal de la Rota, exécutés sur la place del Popolo les nommés Andrea Rondolo, coupable d'assassinat sur la personne très-respectable et très-vénérée de don César Torlini, chanoine de l'église de Saint-Jean-de-Latran, et le nommé Peppino, dit *Rocca Priori*, convaincu de complicité avec le détestable bandit Luigi Vampa et les hommes de sa troupe.

» Le premier sera *mazzolato*,

» Et le second *decapitato*.

» Les âmes charitables sont priées de

demander à Dieu un repentir sincère pour ces deux malheureux condamnés. »

C'était bien ce que Franz avait entendu la surveille dans les ruines du Colisée, et rien n'était changé au programme : les noms des condamnés, la cause de leur supplice et le genre de leur exécution étaient exactement les mêmes.

Ainsi, selon toute probabilité, le Transtevere n'était autre que le bandit Luigi Vampa, et l'homme au manteau Simbad le marin, qui, à Rome comme à Porto-Vecchio et à Tunis, poursuivait le cours de ses philanthropiques expéditions.

Cependant le temps s'écoulait, il était neuf heures et Frantz allait réveiller Albert, lorsqu'à son grand étonnement il le vit sortir tout habillé de sa chambre. Le carnaval lui avait trotté par la tête, et l'avait éveillé plus matin que son ami ne l'espérait.

— Eh bien, dit Franz à son hôte, maintenant que nous voila prêts tous deux, croyez-vous, mon cher monsieur Pastrini, que nous puissions nous présenter chez le comte de Monte-Christo ?

— Oh, bien certainement ! répondit-il ; le comte de Monte-Christo a l'habitude d'être très-matinal, et je suis sûr qu'il y a plus de deux heures déjà qu'il est levé.

— Et vous croyez qu'il n'y a pas d'indiscrétion à se présenter chez lui maintenant ?

— Aucune.

— En ce cas, Albert, si vous êtes prêt...

— Entièrement prêt, dit Albert.

— Allons remercier notre voisin de sa courtoisie.

— Allons!

Franz et Albert n'avaient que le carré à traverser, l'aubergiste les devança et sonna pour eux; un domestique vint ouvrir.

— *I signori Francesi*, dit l'hôte.

Le domestique s'inclina et leur fit signe d'entrer.

Ils traversèrent deux pièces meublées avec un luxe qu'ils ne croyaient pas trouver dans l'hôtel de maître Pastrini, et ils arrivèrent enfin dans un salon d'une élégance parfaite. Un tapis de Turquie était tendu sur le parquet, et les meubles les plus confortables offraient leurs coussins rebondis et leurs dossiers renversés. De magnifiques tableaux des maîtres, entremêlés de trophées d'armes splendides, étaient suspendus aux murailles, et de grandes portières de tapisserie flottaient devant les portes.

— Si Leurs Excellences veulent s'asseoir, dit le domestique, je vais prévenir M. le comte.

Et il disparut par une des portes.

Au moment où cette porte s'ouvrit, le son d'une *guzla* arriva jusqu'aux deux amis, mais s'éteignit aussitôt; la porte, refermée presqu'en même temps qu'ouverte, n'avait pour ainsi dire laissé pénétrer dans le salon qu'une bouffée d'harmonie.

Franz et Albert échangèrent un regard et reportèrent les yeux sur les meubles, sur les tableaux et sur les armes. Tout cela, à la seconde vue, leur parut encore plus magnifique qu'à la première.

— Eh bien, demanda Franz à son ami, que dites-vous de cela?

— Ma foi, mon cher, je dis qu'il faut que notre voisin soit quelque agent de change qui a joué à la baisse sur les fonds espagnols, ou quelque prince qui voyage incognito.

— Chut! lui dit Franz; c'est ce que nous allons savoir, car le voilà.

En effet, le bruit d'une porte tournant sur ses gonds venait d'arriver jusqu'aux visiteurs; et presque aussitôt la tapisserie, se soulevant, donna passage au propriétaire de toutes ces richesses.

Albert s'avança au-devant de lui, mais Franz resta cloué à sa place.

Celui qui venait d'entrer n'était autre que l'homme au manteau du Colisée, l'inconnu de la loge, l'hôte mystérieux de Monte-Christo.

## CHAPITRE III.

### LA MAZZOLATA.

— Messieurs, dit en entrant le comte de Monte-Christo, recevez toutes mes excuses de ce que je me suis laissé prévenir, mais en me présentant de meilleure heure chez vous j'aurais craint d'être indiscret. D'ailleurs vous m'avez fait dire que vous viendriez, et je me suis tenu à votre disposition.

— Nous avions, Franz et moi, mille remercîments à vous présenter, monsieur le comte, dit Albert ; vous nous tirez véritablement d'un grand embarras, et nous étions en train d'inventer les véhicules les plus fantastiques au moment où votre gracieuse invitation nous est parvenue.

— Eh, mon Dieu ! messieurs, reprit le comte en faisant signe aux deux jeunes gens de s'asseoir sur un divan, c'est la faute de cet imbécile de Pastrini si je vous ai laissés si long-temps dans la détresse ! Il ne m'avait pas dit un mot de votre embarras, à moi qui, seul et isolé comme je le suis ici, ne cherchais qu'une occasion de faire connaissance avec mes voisins. Du moment où j'ai appris que je pouvais vous être bon à quelque chose, vous avez vu avec quel empressement j'ai saisi cette occasion de vous présenter mes compliments.

Les deux jeunes gens s'inclinèrent. Franz n'avait pas encore trouvé un seul mot à dire; il n'avait encore pris aucune résolution, et, comme rien n'indiquait dans le comte sa volonté de le reconnaître ou le désir d'être reconnu de lui, il ne savait pas s'il devait par un mot quelconque faire allusion au passé, ou laisser le temps à l'avenir de lui apporter de nouvelles preuves. D'ailleurs, sûr que c'était lui qui était la veille dans sa loge, il ne pouvait répondre aussi positivement que ce fût lui qui la surveille était au Colisée. Il résolut donc de laisser aller les choses sans faire au comte aucune ouverture directe. D'ailleurs il avait une supériorité sur lui, il était maître de son secret, tandis qu'au contraire il ne pouvait avoir aucune action sur Franz, qui n'avait rien à cacher.

Cependant il résolut de faire tomber la conversation sur un point qui pouvait en attendant amener toujours l'éclaircissement de certains doutes.

— Monsieur le comte, lui dit-il, vous nous avez offert des places dans votre voiture, et des places à vos fenêtres du palais Rospoli; maintenant pourriez-vous nous dire comment nous pourrions nous procurer un poste quelconque, comme on dit en Italie, sur la place del Popolo?

— Ah, oui, c'est vrai! dit le comte d'un air distrait et en regardant Morcerf avec une attention soutenue, n'y a-t-il pas, place del Popolo, quelque chose comme une exécution?

— Oui, répondit Franz voyant qu'il venait de lui-même où il voulait l'amener.

— Attendez, attendez, je crois avoir dit hier à mon intendant de s'occuper de cela, peut-être pourrais-je vous rendre encore ce petit service.

Il allongea la main vers un cordon de sonnette, qu'il tira trois fois.

— Vous êtes-vous préoccupé jamais, dit-il à Franz, de l'emploi du temps et du moyen de simplifier les allées et venues des domestiques? moi j'en ai fait une étude, quand je sonne une fois c'est pour mon valet de chambre, deux fois c'est pour mon maître-d'hôtel, trois fois c'est pour mon intendant, de cette façon je ne perds ni une minute ni une parole. Tenez, voici notre homme.

On vit alors entrer un individu de quarante-cinq à cinquante ans qui parut ressembler comme deux gouttes d'eau au contrebandier qui l'avait introduit dans la grotte, mais qui ne parut pas le moins du monde le reconnaître. Il vit que le mot était donné.

— Monsieur Bertuccio, dit le comte,

vous êtes-vous occupé, comme je vous l'avais ordonné hier, de me procurer une fenêtre sur la place del Popolo?

— Oui, Excellence, répondit l'intendant, mais il était bien tard.

— Comment! dit le comte en fronçant le sourcil, ne vous ai-je pas dit que je voulais en avoir une?

— Et Votre Excellence en a une aussi, celle qui était louée au prince Lobanieff; mais j'ai été obligé de la payer cent...

— C'est bien, c'est bien, monsieur Bertuccio, faites grâce à ces messieurs de tous ces détails de ménage; vous avez la fenêtre, c'est tout ce qu'il faut. Donnez l'adresse de la maison au cocher, et tenez-vous sur l'escalier pour nous conduire. Cela suffit : allez.

L'intendant salua et fit un pas pour se retirer.

— Ah ! reprit le comte, faites-moi le plaisir de demander à Pastrini s'il a reçu la tavoletta et s'il veut m'envoyer le programme de l'exécution.

— C'est inutile, reprit Franz tirant son calepin de sa poche ; j'ai eu ces tablettes sous les yeux, je les ai copiées et les voici.

— C'est bien ; alors, monsieur Bertuccio, vous pouvez vous retirer, je n'ai plus besoin de vous. Qu'on nous prévienne seulement quand le déjeuner sera servi. Ces messieurs, continua-t-il en se retournant vers les deux amis, me font-ils l'honneur de déjeuner avec moi?

— Mais, en vérité, monsieur le comte, dit Albert, ce serait abuser.

— Non pas, au contraire, vous me faites grand plaisir, vous me rendrez tout cela un jour à Paris, l'un ou l'autre, et peut-être tous deux. Monsieur Bertuccio, vous ferez mettre trois couverts.

Il prit le calepin des mains de Franz.

— Nous disons donc, continua-t-il du ton dont il eût lu les *Petites-Affiches*, que « seront exécutés, aujourd'hui 22 février, » les nommés Andrea Rondolo, coupable » d'assassinat sur la personne très-respec- » table et très-vénérée de don César Tor-

» lini, chanoine de l'église de Saint-Jean-
» de-Latran, et le nommé Peppino, dit
» *Rocca Priori*, convaincu de complicité
» avec le détestable bandit Luigi Vampa
» et les hommes de sa troupe... »

— Hum! — « Le premier sera *mazzo-*
» *lato*, le second *decapitato.* » Oui, en effet, reprit le comte, c'était bien comme cela que la chose devait se passer d'abord, mais je crois que depuis hier il est survenu quelque changement dans l'ordre et la marche de la cérémonie.

— Bah! dit Franz.

— Oui, hier chez le cardinal Rospigliosi, où j'ai passé la soirée, il était question de quelque chose comme d'un sursis accordé à l'un des deux condamnés.

— A Andrea Rondolo? demanda Franz.

— Non..., reprit négligemment le comte; à l'autre... (il jeta un coup d'œil sur le calepin comme pour se rappeler le nom), à Peppino, dit *Rocca Priori*. Cela vous prive d'une guillotinade, mais il vous reste la *mazzolata*, qui est un supplice fort curieux quand on le voit pour la première fois, et même pour la seconde, tandis que l'autre, que vous devez connaître d'ailleurs, est trop simple, trop uni, il n'y a rien d'inattendu. La *mandaïa* ne se trompe pas, elle ne tremble pas, ne frappe pas à faux, ne s'y reprend pas à trente fois comme le soldat qui coupait la tête au comte de Chalais, et auquel au reste Richelieu avait peut-être recommandé le patient. Ah, tenez! ajouta le comte d'un ton méprisant, ne me parlez pas des Européens pour les supplices, ils n'y entendent rien et en sont véritablement à l'enfance ou plutôt à la vieillesse de la cruauté.

— En vérité, monsieur le comte, répondit Franz, on croirait que vous avez fait une étude comparée des supplices chez les différents peuples du monde?

— Il y en a peu du moins que je n'aie vus, reprit froidement le comte.

— Et vous avez trouvé du plaisir à assister à ces horribles spectacles?

— Mon premier sentiment a été la répulsion, le second l'indifférence, le troisième la curiosité.

— La curiosité! le mot est terrible, savez-vous?

— Pourquoi? Il n'y a guère dans la vie qu'une préoccupation grave, c'est la mort; eh bien! n'est-il pas curieux d'étudier de quelles différentes façons l'âme peut sortir du corps, et comment, selon les caractères, les tempéraments et même les mœurs des pays, les individus supportent ce suprême passage de l'être au néant! Quant à moi, je vous réponds d'une chose: c'est que plus on a vu mourir, plus il devient facile de mourir; ainsi, à mon avis, la mort est peut-être un supplice, mais n'est pas une expiation.

— Je ne vous comprends pas bien, dit Franz; expliquez-vous, car je ne puis vous dire à quel point ce que vous me dites là pique ma curiosité.

— Écoutez, dit le comte; et son visage s'infiltra de fiel, comme le visage d'un autre se colore de sang. Si un homme eût fait périr par des tortures inouïes, au milieu de tourments sans fin, votre père, votre mère, votre maîtresse, un de ces êtres enfin qui, lorsqu'on les déracine de votre cœur, y laissent un vide éternel et une plaie toujours sanglante, croiriez-vous la réparation que vous accorde la société suffisante, parce que le fer de la guillotine a passé entre la base de l'occipital et les muscles trapèzes du meurtrier, et parce que celui qui vous a fait ressentir des années de souffrances morales a éprouvé quelques secondes de douleurs physiques?

— Oui, je le sais, reprit Franz, la justice humaine est insuffisante comme consolatrice; elle peut verser le sang en échange du sang, voilà tout, il faut lui demander ce qu'elle peut et pas autre chose.

— Et encore je vous pose là un cas matériel, reprit le comte, celui où la société, attaquée par la mort d'un individu dans la base sur laquelle elle repose, venge la mort par la mort; mais n'y a-t-il pas des millions de douleurs dont les entrailles de l'homme peuvent être déchirées sans que la société s'en préoccupe le moins du monde, sans qu'elle lui offre le moyen insuffisant de vengeance dont nous parlions tout à l'heure? n'y a-t-il pas des crimes pour lesquels le pal des Turcs, les auges des Persans, les nerfs roulés des Iroquois seraient des supplices trop doux, et que cependant la société indifférente laisse sans châtiment?... répondez, n'y a-t-il pas de ces crimes-là?

— Oui, reprit Franz, et c'est pour les punir que le duel est toléré.

— Ah! le duel, s'écria le comte, plaisante manière, sur mon âme, d'arriver à son but, quand le but est la vengeance! Un homme vous a enlevé votre maîtresse, un homme a séduit votre femme, un homme a déshonoré votre fille; d'une vie tout entière, qui avait le droit d'attendre de Dieu la part de bonheur qu'il a promise à tout être humain en le créant, il a fait une existence de douleur, de misère ou d'infamie, et vous vous croyez vengé, parce qu'à cet homme, qui vous a mis le délire dans l'esprit et le désespoir dans le cœur, vous avez donné un coup d'épée dans la poitrine ou logé une balle dans la tête? Allons donc! Sans compter que c'est lui qui souvent sort triomphant de la lutte, lavé aux yeux du monde et en quelque sorte absous par Dieu. Non, non, continua le comte, si j'avais jamais à me venger, ce n'est pas ainsi que je me vengerais.

— Ainsi vous désapprouvez le duel, ainsi vous ne vous battriez pas en duel? demanda à son tour Albert étonné d'entendre émettre une si étrange théorie.

— Oh! si fait! dit le comte. Entendons-nous: je me battrais en duel pour une misère, pour une insulte, pour un démenti, pour un soufflet, et cela avec d'autant plus d'insouciance que, grâce à l'adresse que j'ai acquise à tous les exercices du corps et à la lente habitude que j'ai prise du danger, je serais à peu près sûr de tuer mon homme. Oh! si fait! je me battrais en duel pour tout cela; mais pour une douleur lente, profonde, infinie, éternelle, je rendrais, s'il était possible, une douleur pareille à celle que l'on m'aurait faite: œil pour œil, dent pour dent, comme disent les Orientaux, nos maîtres en toutes choses, ces élus de la création qui ont su se faire une vie de rêves et un paradis de réalités.

— Mais, dit Franz au comte, avec cette théorie qui vous constitue juge et bourreau dans votre propre cause, il est difficile que vous vous teniez dans une mesure où vous échappiez éternellement vous-même à la puissance de la loi. La haine est aveugle, la colère étourdie, et celui qui se verse la vengeance risque de boire un breuvage amer.

— Oui, s'il est pauvre et maladroit; non, s'il est millionnaire et habile. D'ailleurs le pis-aller pour lui est ce dernier supplice dont nous parlions tout à l'heure, celui que la philanthropique révolution française a substitué à l'écartèlement et à la roue. Eh bien! qu'est-ce que le supplice, s'il s'est vengé? En vérité, je suis presque fâché que, selon toute probabilité, ce misérable Peppino ne soit pas *decapitato*, comme ils disent, vous verriez le temps que cela dure, et si c'est véritablement la peine d'en parler. Mais, d'honneur, messieurs, nous avons là une singulière conversation pour un jour de carnaval. Comment donc cela est-il venu? Ah! je me le rappelle : vous m'avez demandé une place à ma fenêtre, eh bien! soit, vous l'aurez; mais mettons-nous à table d'abord, car voilà qu'on vient nous annoncer que nous sommes servis.

En effet, un domestique ouvrit une des quatre portes du salon et fit entendre les paroles sacramentelles :

— *Al suo commodo!*

Les deux jeunes gens se levèrent et passèrent dans la salle à manger.

Pendant le déjeuner, qui était excellent et servi avec une recherche infinie, Franz chercha des yeux le regard d'Albert, afin d'y lire l'impression qu'il ne doutait pas qu'eussent produite en lui les paroles de leur hôte; mais, soit que dans son insouciance habituelle il ne leur eût pas prêté une grande attention, soit que la concession que le comte de Monte-Christo lui avait faite à l'endroit du duel l'eût raccommodé avec lui, soit enfin que les antécédents que nous avons racontés, connus de Franz seul, eussent doublé pour lui seul l'effet des théories du comte, il ne s'aperçut pas que son compagnon fût préoccupé le moins du monde, tout au contraire il faisait honneur au repas en homme condamné depuis quatre ou cinq mois à la cuisine italienne, c'est-à-dire à l'une des plus mauvaises cuisines du monde. Quant au comte, il effleurait à peine chaque plat ; on eût dit qu'en se mettant à table avec ses convives il accomplissait un simple devoir de politesse, et qu'il attendait leur départ pour se faire servir quelque mets étrange ou particulier.

Cela rappelait, malgré lui, à Franz la terreur que le comte avait inspirée à la comtesse G..., et la conviction où il l'avait laissée que le comte, l'homme qu'il lui avait montré dans la loge en face d'elle, était un vampire.

A la fin du déjeuner, Franz tira sa montre.

— Eh bien, lui dit le comte, que faites-vous donc ?

— Vous nous excuserez, monsieur le comte, répondit Franz, mais nous avons encore mille choses à faire.

— Lesquelles ?

— Nous n'avons pas de déguisements, et aujourd'hui le déguisement est de rigueur.

— Ne vous occupez donc pas de cela. Nous avons, à ce que je crois, place del Popolo, une chambre particulière ; j'y ferai porter les costumes que vous voudrez bien m'indiquer, et nous nous masquerons séance tenante.

— Après l'exécution ? s'écria Franz.

— Sans doute, après, pendant ou avant, comme vous voudrez.

— En face de l'échafaud?

— L'échafaud fait partie de la fête.

— Tenez, monsieur le comte, j'ai réfléchi, dit Franz ; décidément je vous remercie de votre obligeance, mais je me contenterai d'accepter une place dans votre voiture, une place à la fenêtre du palais Rospoli, et je vous laisserai libre de disposer de ma place à la fenêtre de la piazza del Popolo.

— Mais vous perdez, je vous en préviens, une chose fort curieuse, répondit le comte.

— Vous me la raconterez, reprit Franz, et je suis convaincu que dans votre bouche le récit m'impressionnera presque autant que la vue pourrait le faire. D'ailleurs, plus d'une fois déjà j'ai voulu prendre sur moi d'assister à une exécution, et je n'ai jamais pu m'y décider; et vous, Albert?

— Moi, répondit le vicomte, j'ai vu exécuter Castaing; mais je crois que j'étais un peu gris ce jour-là. C'était le jour de ma sortie du collége, et nous avions passé la nuit je ne sais à quel cabaret.

— D'ailleurs, ce n'est pas une raison, parce que vous n'avez pas fait une chose à Paris, pour que vous ne la fassiez pas à l'étranger: quand on voyage, c'est pour s'instruire; quand on change de lieu, c'est pour voir. Songez donc quelle figure vous ferez quand on vous demandera: Comment exécute-t-on à Rome? et que vous répondrez: Je ne sais pas. Et puis, on dit que le condamné est un infâme coquin, un drôle qui a tué à coups de chenet un bon chanoine qui l'avait élevé comme son fils. Que diable! quand on tue un homme d'église on prend une arme plus convenable qu'un chenet, surtout quand cet homme d'église est peut-être notre père. Si vous voyagiez en Espagne, vous iriez voir les combats de taureaux, n'est-ce pas? Eh bien! supposez que c'est un combat que nous allons voir; souvenez-vous des anciens Romains du Cirque, des chasses où l'on tuait trois cents lions et une centaine d'hommes. Souvenez-vous donc de ces quatre-vingt mille spectateurs qui battaient des mains, de ces sages matrones qui conduisaient là leurs filles à marier, et de ces charmantes vestales aux mains blanches, qui faisaient avec le pouce un charmant petit signe qui voulait dire : Allons, pas de paresse! achevez-moi cet homme-là qui est aux trois quarts mort.

— Y allez-vous, Albert? dit Franz.

— Ma foi, oui, mon cher! j'hésitais comme vous, mais l'éloquence du comte me décide.

— Allons-y donc, puisque vous le voulez, dit Franz; mais en me rendant place del Popolo, je désire passer par la rue du Cours; est-ce possible, monsieur le comte?

— A pied, oui; en voiture, non.

— Eh bien! j'irai à pied.

— Il est bien nécessaire que vous passiez par la rue du Cours ?

— Oui, j'ai quelque chose à y voir.

—Eh bien! passons par la rue du Cours, nous enverrons la voiture nous attendre sur la piazza del Popolo, par la strada del Rabuino; d'ailleurs, je ne suis pas fâché non plus de passer par la rue du Cours pour voir si des ordres que j'ai donnés ont été exécutés.

— Excellence, dit le domestique en ouvrant la porte, un homme vêtu en pénitent demande à vous parler.

— Ah, oui! dit le comte, je sais ce que c'est. Messieurs, voulez-vous repasser au salon, vous trouverez sur la table du milieu d'excellents cigares de la Havane, je vous y rejoins dans un instant.

Les deux jeunes gens se levèrent et sortirent par une porte, tandis que le comte, après leur avoir renouvelé ses excuses, sortait par l'autre. Albert, qui était un grand amateur, et qui, depuis qu'il était en Italie, ne comptait pas comme un mince sacrifice celui d'être privé des cigares du café de Paris, s'approcha de la table et poussa un cri de joie en apercevant de véritables puros.

— Eh bien, lui demanda Franz, que pensez-vous du comte de Monte-Christo?

— Ce que j'en pense! dit Albert visiblement étonné que son compagnon lui fît une pareille question ; je pense que c'est un homme charmant, qui fait à merveille les honneurs de chez lui, qui a beaucoup vu, beaucoup étudié, beaucoup réfléchi, qui est, comme Brutus, de l'école stoïque, et, ajouta-t-il en poussant amoureusement une bouffée de fumée qui monta en spirale vers le plafond, et qui par-dessus tout cela possède d'excellents cigares.

C'était l'opinion d'Albert sur le comte ; or, comme Franz savait qu'Albert avait la prétention de ne se faire une opinion sur les hommes et sur les choses qu'après de mûres réflexions ; il ne tenta pas de rien changer à la sienne.

— Mais, dit-il, avez-vous remarqué une chose singulière?

— Laquelle ?

— L'attention avec laquelle il vous regardait.

— Moi ?

— Oui, vous.

— Albert réfléchit.

—Ah ! dit-il en poussant un soupir, rien d'étonnant à cela. Je suis depuis près d'un an absent de Paris, je dois avoir des habits de l'autre monde. Le comte m'aura pris pour un provincial ; détrompez-le, cher ami, et dites-lui, je vous prie, à la première occasion, qu'il n'en est rien.

Franz sourit ; un instant après, le comte rentra.

— Me voici, messieurs, dit-il, et tout à vous, les ordres sont donnés ; la voiture va de son côté place del Popolo, et nous allons nous y rendre du nôtre, si vous voulez bien, par la rue du Cours. Prenez donc quelques-uns de ces cigares, monsieur de Morcerf.

— Ma foi, avec grand plaisir, dit Albert, car vos cigares italiens sont encore pires que ceux de la régie. Quand vous viendrez à Paris, je vous rendrai tout cela.

— Ce n'est pas de refus ; je compte y aller quelque jour, et, puisque vous le permettez, j'irai frapper à votre porte. Allons, messieurs, allons, nous n'avons pas de temps à perdre ; il est midi et demi, partons.

Tous trois descendirent. Alors le cocher prit les derniers ordres de son maître, et suivit la via del Babuino; tandis que les piétons remontaient par la place d'Espagne et par la via Frattina, qui les conduisait tout droit entre le palais Fiano et le palais Rospoli.

Tous les regards de Franz furent pour les fenêtres de ce dernier palais, il n'avait pas oublié le signal convenu dans le Colisée entre l'homme au manteau et le Transtevere.

— Quelles sont vos fenêtres? demanda-t-il au comte du ton le plus naturel qu'il put prendre.

— Les trois dernières, répondit-il avec

une négligence qui n'avait rien d'affecté ; car il ne pouvait deviner dans quel but cette question lui était faite.

Les yeux de Franz se portèrent rapidement sur les trois fenêtres. Les fenêtres latérales étaient tendues en damas jaune, et celle du milieu en damas blanc avec une croix rouge.

L'homme au manteau avait tenu sa parole au Transteverin, et il n'y avait plus de doute, l'homme au manteau c'était bien le comte.

Les trois fenêtres étaient encore vides.

Au reste, de tous côtés se faisaient les préparatifs ; on plaçait des chaises, on dressait des échafaudages, on tendait des fenêtres. Les masques ne pouvaient paraître, les voitures ne pouvaient circuler qu'au son de la cloche; mais on sentait les masques derrière toutes les fenêtres, les voitures derrière toutes les portes.

Franz, Albert et le comte continuèrent de descendre la rue du Cours. A mesure qu'ils approchaient de la place du Peuple, la foule devenait plus épaisse, et, au-dessus des têtes de cette foule, on voyait s'élever deux choses; l'obélisque surmonté d'une croix qui indique le centre de la place, et, en avant de l'obélisque, juste au point de correspondance visuelle des trois rues del Babuino, del Corso et di Ripetta, les deux poutres suprêmes de l'échafaud, entre lesquelles brillait le fer arrondi de la mandaïa.

A l'angle de la rue on trouva l'intendant du comte, qui attendait son maître.

La fenêtre, louée à ce prix exorbitant sans doute, dont le comte n'avait point voulu faire part à ses invités, appartenait au second étage du grand palais situé entre la rue del Babuino et le monte Pincio; c'était, comme nous l'avons dit, une espèce de cabinet de toilette donnant dans une chambre à coucher; en fermant la porte de la chambre à coucher, les locataires du cabinet étaient chez eux; sur les chaises on avait déposé des costumes de paillasse en satin blanc et bleu des plus élégants.

— Comme vous m'avez laissé le choix des costumes, dit le comte aux deux amis, je vous ai fait préparer ceux-ci. D'abord, c'est ce qu'il y aura de mieux porté cette année ; ensuite, c'est ce qu'il y a de plus commode pour les confetti, attendu que la farine n'y paraît pas.

Franz n'entendit que fort imparfaitement les paroles du comte, et il n'apprécia peut-être pas à sa valeur cette nouvelle gracieuseté ; car toute son attention était attirée par le spectacle que présentait la piazza del Popolo, et par l'instrument terrible qui en faisait à cette heure le principal ornement.

C'était la première fois que Franz apercevait une guillotine ; nous disons guillotine, car la mandaïa romaine est taillée à peu près sur le même patron que notre instrument de mort. Le couteau, qui a la forme d'un croissant qui couperait par la partie convexe, tombe de moins haut, voilà tout.

Deux hommes assis sur la planche à bascule où l'on couche le condamné, déjeunaient en attendant et mangeaient, autant que Franz put le voir, du pain et des saucisses ; l'un d'eux souleva la planche, en tira un flacon de vin, but un coup et passa le flacon à son camarade : ces deux hommes c'étaient les aides du bourreau !

A ce seul aspect, Franz avait senti la sueur poindre à la racine de ses cheveux.

Les condamnés transportés la veille au soir des Carceri Nuove dans la petite église Sainte-Marie-del-Popolo, avaient passé la nuit, assistés chacun de deux prêtres, dans une chapelle ardente fermée d'une grille, devant laquelle se promenaient des sentinelles relevées d'heure en heure.

Une double haie de carabiniers placés de chaque côté de la porte de l'église s'étendait jusqu'à l'échafaud, autour duquel elle s'arrondissait, laissant libre un chemin de dix pieds de large a peu près, et autour de la guillotine un espace d'une centaine de pas de circonférence. Tout le reste de la place était pavé de têtes d'hommes et de femmes. Beaucoup de femmes tenaient leurs enfants sur leurs épaules. Ces enfants, qui dépassaient la foule de tout le torse, étaient admirablement placés.

Le monte Pincio semblait un vaste amphithéâtre dont tous les gradins eussent été chargés de spectateurs ; les balcons des deux églises qui font l'angle des rues del Babuino et de la rue di Ripetta regorgeaient de curieux privilégiés, les marches des péristyles semblaient un flot mouvant et bariolé qu'une marée incessante poussait vers le portique : chaque aspérité de la muraille qui pouvait donner place à un homme avait sa statue vivante.

Ce que disait le comte est donc vrai : ce qu'il y a de plus curieux dans la vie est le spectacle de la mort.

Et cependant, au lieu du silence que semblait commander la solennité du spectacle, un grand bruit montait de cette foule, bruit composé de rires, de huées et de cris joyeux ; il était évident encore, comme l'avait dit le comte, que cette exécution n'était rien autre chose pour tout le peuple que le commencement du carnaval.

Tout à coup ce bruit cessa comme par enchantement, la porte de l'église venait de s'ouvrir.

Une confrérie de pénitents, dont chaque membre était vêtu d'un sac gris percé aux yeux seulement, et tenait un cierge allumé à la main, parut d'abord ; en tête marchait le chef de la confrérie.

Derrière les pénitents venait un homme de haute taille. Cet homme était nu, à l'exception d'un caleçon de toile au côté gauche duquel était attaché un grand couteau caché dans sa gaîne ; il portait sur l'épaule droite une lourde masse de fer. Cet homme, c'était le bourreau.

Il avait en outre des sandales attachées au bas de la jambe par des cordes.

Derrière le bourreau, marchaient, dans l'ordre où ils devaient être exécutés, d'abord Peppino, et ensuite Andrea.

Chacun était accompagné de deux prêtres.

Ni l'un ni l'autre n'avait les yeux bandés.

Peppino marchait d'un pas assez ferme,

sans doute il avait eu avis de ce qui se préparait pour lui.

Andrea était soutenu sous chaque bras par un prêtre.

Tous deux baisaient de temps en temps le crucifix que leur présentait le confesseur.

Franz sentit, rien qu'à cette vue, les jambes qui lui manquaient; il regarda Albert. Il était pâle comme sa chemise, et par un mouvement machinal il jeta loin de lui son cigare, quoiqu'il ne l'eût fumé qu'à moitié.

Le comte seul paraissait impassible. Il y avait même plus, une légère teinte rouge semblait vouloir percer la pâleur livide de ses joues.

Son nez se dilatait comme celui d'un animal féroce qui flaire le sang, et ses lèvres, légèrement écartées, laissaient voir ses dents blanches, petites et aiguës comme celles d'un chacal.

Et cependant, malgré tout cela, son visage avait une expression de douceur souriante que Franz ne lui avait jamais vue, ses yeux noirs surtout étaient admirables de mansuétude et de velouté.

Cependant les deux condamnés continuaient de marcher vers l'échafaud, et à mesure qu'ils avançaient on pouvait distinguer les traits de leur visage. Peppino était un beau garçon de vingt-quatre à vingt-six ans, au teint hâlé par le soleil, au regard libre et sauvage. Il portait la tête haute et semblait flairer le vent pour voir de quel côté lui viendrait son libérateur.

Andrea était gros et court : son visage, bassement cruel, n'indiquait pas d'âge, il pouvait cependant avoir trente ans à peu près. Dans la prison, il avait laissé pousser sa barbe. Sa tête retombait sur une de ses épaules, ses jambes pliaient sous lui ; tout son être paraissait obéir à un mouvement machinal dans lequel sa volonté n'était déjà plus pour rien.

— Il me semble, dit Franz au comte, que vous m'avez annoncé qu'il n'y aurait qu'une exécution.

— Je vous ai dit la vérité, répondit-il froidement.

— Cependant, voici deux condamnés.

— Oui ; mais de ces deux condamnés l'un touche à la mort, et l'autre a encore de longues années à vivre ?

— Il me semble que si la grâce doit venir, il n'y a plus de temps à perdre.

— Aussi, la voilà qui vient, regardez, dit le comte.

En effet, au moment où Peppino arrivait au pied de la mandaïa, un pénitent, qui semblait être en retard, perça la haie sans que les soldats fissent obstacle à son passage, et, s'avançant vers le chef de la confrérie, lui remit un papier plié en quatre.

Le regard ardent de Peppino n'avait perdu aucun de ces détails ; le chef de la confrérie déplia le papier, le lut, et leva la main.

— Le Seigneur soit béni, et Sa Sainteté soit louée! dit-il à haute et intelligible voix. Il y a grâce de la vie pour l'un des condamnés.

— Grâce! s'écria le peuple d'un seul cri ; il y a grâce!

A ce mot de grâce, Andrea sembla bondir et redressa la tête.

— Grâce pour qui? cria-t-il.

Peppino resta immobile, muet et haletant.

— Il y a grâce de la peine de mort pour Peppino, dit Rocca Priori, dit le chef de la confrérie.

Et il passa le papier au capitaine commandant les carabiniers, lequel après l'avoir lu le lui rendit.

— Grâce pour Peppino! s'écria Andrea entièrement tiré de l'état de torpeur où il semblait être plongé, pourquoi grâce pour lui et pas pour moi! nous devions mourir ensemble; on m'avait promis qu'il mourrait avant moi, on n'a pas le droit de me faire mourir seul, je ne veux pas mourir seul, je ne le veux pas!

Et il s'arracha aux bras des deux prêtres, se tordant, hurlant, rugissant et faisant des efforts insensés pour rompre les cordes qui lui liaient les mains.

Le bourreau fit signe à ses deux aides, qui sautèrent en bas de l'échafaud, et vinrent s'emparer du condamné.

— Qu'y a-t-il donc? demanda Franz au comte.

Car, comme tout cela se passait en patois romain, il n'avait pas très-bien compris.

— Ce qu'il y a! dit le comte, ne comprenez-vous pas bien? il y a que cette créature humaine qui va mourir est furieuse de ce que son semblable ne meurt pas avec elle, et que, si on la laissait faire, elle le déchirerait avec ses ongles et avec ses dents plutôt que de le laisser jouir de la vie dont elle va être privée. O hommes, hommes! race de crocodiles! comme dit Karl Moor, s'écria le comte en étendant les deux poings vers toute cette foule, que je vous reconnais bien là, et qu'en tout temps vous êtes bien dignes de vous-mêmes!

En effet, Andrea et les deux aides du bourreau se roulaient dans la poussière; le condamné criant toujours : « Il doit mourir; je veux qu'il meure, on n'a pas le droit de me tuer seul. »

— Regardez, regardez, continua le comte en saisissant chacun des deux jeunes gens par la main, regardez, car, sur mon âme, c'est curieux ; voilà un homme qui était résigné à son sort, qui marchait à l'échafaud, qui allait mourir comme un lâche, c'est vrai, mais enfin il allait mourir sans résistance et sans récrimination : savez-vous ce qui lui donnait quelque force? savez-vous ce qui le consolait? savez-vous ce qui lui faisait prendre son supplice en patience? c'est qu'un autre partageait son angoisse; c'est qu'un autre allait mourir comme lui; c'est qu'un autre allait mourir avant lui! Menez deux moutons à la boucherie, deux bœufs à l'abattoir, et faites comprendre à l'un d'eux que son compagnon ne mourra pas, le mouton bêlera de joie, le bœuf mugira de plaisir; mais l'homme, l'homme que Dieu a fait à son image, l'homme à qui Dieu a imposé pour première, pour unique, pour suprême loi l'amour de son prochain, l'homme à qui Dieu a donné une voix pour exprimer sa pensée, quel sera son premier cri quand il apprendra que son camarade est sauvé : un blasphème. Honneur à l'homme, ce chef-d'œuvre de la nature, ce roi de la création !

Et le comte éclata de rire, mais d'un rire terrible qui indiquait qu'il avait dû horriblement souffrir pour en arriver à rire ainsi.

Cependant la lutte continuait, et c'était quelque chose d'affreux à voir. Les deux valets portaient Andrea sur l'échafaud ; tout le peuple avait pris parti contre lui, et vingt mille voix criaient d'un seul cri : « A mort ! à mort! »

Franz se rejeta en arrière; mais le comte ressaisit son bras et le retint devant la fenêtre.

— Que faites-vous donc? lui dit-il; de la pitié? elle est ma foi bien placée! Si vous entendiez crier au chien enragé, vous prendriez votre fusil, vous vous jetteriez dans la rue, vous tueriez sans miséricorde à bout portant la pauvre bête, qui, au bout du compte, ne serait coupable que d'avoir été mordue par un autre chien, et de rendre ce qu'on lui a fait; et voilà que vous avez pitié d'un homme qu'aucun autre homme n'a mordu, et qui cependant a tué son bienfaiteur, et qui maintenant, ne pouvant plus tuer, parce qu'il a les mains liées, veut à toute force voir mourir son compagnon de captivité, son camarade d'infortune! Non, non, regardez, regardez.

La recommandation était devenue presque inutile, Franz était comme fasciné par l'horrible spectacle. Les deux valets avaient porté le condamné sur l'échafaud, et là, malgré ses efforts, ses morsures, ses cris, ils l'avaient forcé de se mettre à genoux. Pendant ce temps, le bourreau s'était placé de côté et la masse en arrêt; alors, sur un signe, les deux aides s'écartèrent. Le condamné voulut se relever, mais avant qu'il n'en eût eu le temps la masse s'abattit sur sa tempe gauche; on entendit un bruit sourd et mat, le patient tomba comme un bœuf, la face contre terre, puis, du contre-coup, se retourna sur le dos. Alors le bourreau laissa tomber sa masse, tira le couteau de sa ceinture, d'un seul coup lui ouvrit la gorge et, montant aussitôt sur son ventre, se mit à le pétrir avec ses pieds.

A chaque pression un jet de sang s'élançait du cou du condamné.

Pour cette fois, Franz n'y put tenir plus long-temps, il se rejeta en arrière, et alla tomber sur un fauteuil à moitié évanoui.

Albert, les yeux fermés, resta debout, mais cramponné aux rideaux de la fenêtre.

Le comte était debout et triomphant comme le mauvais ange.

## CHAPITRE IV.

### LE CARNAVAL DE ROME.

Quand Franz revint à lui, il trouva Albert qui buvait un verre d'eau, dont sa pâleur indiquait qu'il avait grand besoin, et le comte qui passait déjà son costume de paillasse. Il jeta machinalement les yeux sur la place; tout avait disparu, échafaud, bourreaux, victimes; il ne restait plus que le peuple, bruyant, affairé, joyeux; la cloche du Monte-Citorio, qui ne retentit que pour la mort du pape et l'ouverture de la mascherata, sonnait à pleines volées.

— Eh bien! demanda-t-il au comte, que s'est-il donc passé?

— Rien, absolument rien, dit-il, comme vous voyez; seulement le carnaval est commencé, habillons-nous vite.

— En effet, répondit Franz au comte, il ne reste de toute cette horrible scène que la trace d'un rêve.

— C'est que ce n'est pas autre chose qu'un rêve, qu'un cauchemar, que vous avez eu.

— Oui, moi ; mais le condamné ?

— C'est un rêve aussi ; seulement il est resté endormi, lui, tandis que vous vous êtes réveillé, vous ; et qui peut dire lequel de vous deux est le privilégié ?

— Mais Peppino, demanda Franz, qu'est-il devenu ?

— Peppino est un garçon de sens qui n'a pas le moindre amour-propre, et qui, contre l'habitude des hommes qui sont furieux lorsqu'on ne s'occupe pas d'eux, a été enchanté, lui, de voir que l'attention générale se portait sur son camarade ; il a en conséquence profité de cette distraction pour se glisser dans la foule et disparaître, sans même remercier les dignes prêtres qui l'avaient accompagné. Décidément l'homme est un animal fort ingrat et fort égoïste... Mais habillez-vous ; tenez, vous voyez que M. de Morcerf vous donne l'exemple.

En effet, Albert passait machinalement son pantalon de taffetas par-dessus son pantalon noir et ses bottes vernies.

— Eh bien! Albert, demanda Franz, êtes-vous bien en train de faire des folies ? Voyons, répondez franchement ?

— Non, dit-il, mais en vérité je suis aise maintenant d'avoir vu une pareille chose, et je comprends ce que disait monsieur le comte : c'est que lorsqu'on a pu s'habituer une fois à un pareil spectacle, ce soit le seul qui donne encore des émotions.

— Sans compter que c'est en ce moment-là seulement qu'on peut faire des études de caractères, dit le comte ; sur la première marche de l'échafaud, la mort arrache le masque qu'on a porté toute la vie, et le véritable visage apparaît. Il faut en convenir, celui d'Andrea n'était pas beau à voir.... Le hideux coquin !... Habillons-nous, messieurs ! habillons nous !

Il eût été ridicule à Franz de faire la petite-maîtresse et de ne pas suivre l'exemple que lui donnaient ses deux compagnons. Il passa donc à son tour son costume et mit son masque, qui n'était certainement pas plus pâle que son visage.

La toilette achevée, on descendit. La voiture attendait à la porte, pleine de confetti et de bouquets.

On prit la file.

Il est difficile de se faire l'idée d'une opposition plus complète que celle qui venait de s'opérer. Au lieu de ce spectacle de mort sombre et silencieux, la place del Popolo présentait l'aspect d'une folle et bruyante orgie. Une foule de masques sortaient, débordant de tous les côtés, s'échappant par les portes, descendant par les fenêtres; les voitures débouchaient à tous les coins de rue, chargées de pierrots, d'arlequins, de dominos, de marquis, de Transteveres, de grotesques, de chevaliers, de paysans : tout cela criant, gesticulant, lançant des œufs pleins de farine, des confetti, des bouquets ; attaquant de la parole et du projectile amis et étrangers, connus et inconnus, sans que personne ait le droit de s'en fâcher, sans que pas un fasse autre chose que d'en rire.

Franz et Albert étaient comme des hommes que pour les distraire d'un violent chagrin on conduirait dans une orgie, et qui, à mesure qu'ils boivent et qu'ils s'enivrent, sentent un voile s'épaissir entre le passé et le présent. Ils voyaient toujours ou plutôt ils continuaient de sentir en eux le reflet de ce qu'ils avaient vu. Mais peu à peu l'ivresse générale les gagnait, il leur sembla que leur raison chancelante allait les abandonner ; ils éprouvaient un besoin étrange de prendre leur part de ce bruit, de ce mouvement, de ce vertige.

Une poignée de confetti qui arriva à Morcerf d'une voiture voisine, et qui, en le couvrant de poussière, ainsi que ses deux compagnons, piqua son cou et toute la portion de visage que ne garantissait pas le masque, comme si on lui eût jeté un cent d'épingles, acheva de le pousser à la lutte générale dans laquelle étaient déjà engagés tous les masques qu'ils rencontraient. Il se leva à son tour dans la voiture, il puisa à pleines mains dans les sacs, et avec toute la vigueur et l'adresse dont il était capable, il envoya à son tour œufs et dragées à ses voisins.

Dès lors le combat était engagé. Le souvenir de ce qu'ils avaient vu une demi-heure auparavant s'effaça tout à fait de l'esprit des deux jeunes gens, tant le spectacle bariolé, mouvant, insensé, qu'ils avaient sous les yeux, était venu leur faire diversion. Quant au comte de Monte-Christo, il n'avait jamais, comme nous l'avons dit, paru impressionné un seul instant.

En effet, qu'on se figure cette grande et belle rue du Cours, bordée d'un bout à l'autre de palais à quatre ou cinq étages avec tous leurs balcons garnis de tapisseries, avec toutes leurs fenêtres drapées; à ces balcons et à ces fenêtres trois cent mille spectateurs, Romains, Italiens, étrangers venus des quatre parties du monde; toutes les aristocraties réunies, aristocraties de naissance, d'argent, de génie; des femmes charmantes, qui, subissant elles-mêmes l'influence de ce spectacle, se courbent sur les balcons, se penchent hors des fenêtres, font pleuvoir sur les voitures qui passent une grêle de confetti qu'on leur rend en bouquets ; l'atmosphère tout épaissie de dragées qui descendent et de fleurs qui montent ; puis sur le pavé des rues une foule joyeuse, incessante, folle, avec des costumes insensés; des choux gigantesques qui se promènent, des têtes de buffles qui mugissent sur des corps d'hommes, des chiens qui semblent marcher sur les pieds de devant; au milieu de tout cela un masque qui se soulève, et dans cette tentation de saint Antoine rêvée par Callot quelque Astarté qui montre une ravissante figure, qu'on veut suivre et de laquelle on est séparé par des espèces de démons pareils à ceux qu'on voit dans ses rêves, et l'on aura une faible idée de ce qu'est le carnaval de Rome.

Au second tour le comte fit arrêter la voiture et demanda à ses compagnons la permission de les quitter, laissant sa voiture à leur disposition. Franz leva les yeux : on était en face du palais Rospoli ; et à la fenêtre du milieu, à celle qui était drapée d'une pièce de damas blanc avec une croix rouge, était un domino bleu, sous lequel l'imagination de Franz se représenta sans peine la belle Grecque du théâtre Argentina.

— Messieurs, dit le comte en sautant à terre, quand vous serez las d'être acteurs et que vous voudrez redevenir spectateurs, vous savez que vous avez place à mes fenêtres. En attendant, disposez de mon cocher, de ma voiture et de mes domestiques.

Nous avons oublié de dire que le cocher du comte était gravement vêtu d'une peau d'ours noir, exactement pareille à celle d'Odry dans l'*Ours et le Pacha*, et que les deux laquais qui se tenaient debout derrière la calèche possédaient des costumes de singe vert, parfaitement adaptés à leurs tailles, et des masques à ressorts avec lesquels ils faisaient la grimace aux passants.

Franz remercia le comte de son offre obligeante : quant à Albert, il était en coquetterie avec une pleine voiture de paysannes romaines, arrêtée, comme celle du comte, par un de ces repos si communs dans les files et qu'il écrasait de bouquets.

Malheureusement pour lui la file reprit son mouvement, et tandis qu'il descendait vers la place del Popolo la voiture qui avait attiré son attention remontait vers le palais de Venise.

— Ah, mon cher! dit-il à Franz, vous n'avez pas vu?...

— Quoi? demanda Franz.

— Tenez, cette calèche qui s'en va toute chargée de paysannes romaines?

— Non.

— Eh bien, je suis sûr que ce sont des femmes charmantes.

— Quel malheur que vous soyez masqué, mon cher Albert, dit Franz, c'était le moment de vous rattraper de vos désappointements amoureux!

— Oh! répondit-il moitié riant, moitié convaincu, j'espère bien que le carnaval ne se passera pas sans m'apporter quelque dédommagement.

Malgré cette espérance d'Albert, toute la journée se passa sans autre aventure que la rencontre deux ou trois fois renouvelée de la calèche aux paysannes romaines. A l'une de ces rencontres, soit hasard, soit calcul d'Albert, son masque se détacha.

A cette rencontre, il prit le reste du bouquet et le jeta dans la calèche.

Sans doute une des femmes charmantes

qu'Albert devinait sous le costume coquet de paysannes fut touchée de cette galanterie, car à son tour, lorsque la voiture des deux amis repassa, elle y jeta un bouquet de violettes.

Albert se précipita sur le bouquet. Comme Franz n'avait aucun motif de croire qu'il était à son adresse, il laissa Albert s'en emparer. Albert le mit victorieusement à sa boutonnière, et la voiture continua sa course triomphante.

— Eh bien, lui dit Franz, voilà un commencement d'aventure!

— Riez tant que vous voudrez, répondit-il, mais en vérité je crois que oui ; aussi je ne quitte plus ce bouquet.

— Pardieu, je crois bien! reprit Franz en riant; c'est un signe de reconnaissance.

La plaisanterie, au reste, prit bientôt un caractère de réalité, car, lorsque, toujours conduits par la file, Franz et Albert croisèrent de nouveau la voiture des *contadine*, celle qui avait jeté le bouquet à Albert battit des mains en le voyant à sa boutonnière.

— Bravo, mon cher! bravo! lui dit Franz, voilà qui se prépare à merveille! Voulez-vous que je vous quitte et vous est-il plus agréable d'être seul?

— Non, dit-il, non, ne brusquons rien; je ne veux pas me laisser prendre comme un sot à une première démonstration : à un rendez-vous sous l'horloge, comme nous disons pour le bal de l'Opéra. Si la belle paysanne a envie d'aller plus loin, nous la retrouverons demain ou plutôt elle nous retrouvera. Alors elle me donnera signe d'existence, et je verrai ce que j'aurai à faire.

— En vérité, mon cher Albert, dit Franz, vous êtes sage comme Nestor et prudent comme Ulysse; et si votre Circé parvient à vous changer en une bête quelconque, il faudra qu'elle soit bien adroite ou bien puissante.

Albert avait raison. La belle inconnue avait résolu sans doute de ne pas pousser plus loin l'intrigue ce jour-là, car, quoique les jeunes gens fissent encore plusieurs tours, ils ne revirent pas la calèche qu'ils cherchaient des yeux, elle avait disparu sans doute par une des rues adjacentes.

Alors ils revinrent au palais Rospoli, mais le comte aussi avait disparu avec le domino bleu. Les deux fenêtres tendues en damas jaune continuaient, au reste, d'être occupées par des personnes qu'il avait sans doute invitées.

En ce moment, la même cloche qui avait sonné l'ouverture de la mascherata sonna la retraite. La file du Corso se rompit aussitôt, et en un instant toutes les voitures disparurent dans les rues transversales.

Franz et Albert étaient en ce moment

en face de là via delle Maratte, le cocher l'enfila sans rien dire, et, gagnant la place d'Espagne en longeant le palais Poli, il s'arrêta devant l'hôtel.

Maître Pastrini vint recevoir ses hôtes sur le seuil de la porte.

Le premier soin de Franz fut de s'informer du comte, et d'exprimer le regret de ne l'avoir pas repris à temps; mais Pastrini le rassura en lui disant que le comte de Monte-Christo avait commandé une seconde voiture pour lui, et que cette voiture était allée le chercher à quatre heures au palais Rospoli. Il était en outre chargé, de sa part, d'offrir aux deux amis la clef de sa loge au théâtre Argentina.

Franz interrogea Albert sur ses dispositions, mais Albert avait de grands projets à mettre à exécution avant de penser à aller au théâtre ; en conséquence, au lieu de répondre, il s'informa si maître Pastrini pourrait lui procurer un tailleur.

— Un tailleur, demanda notre hôte, et pourquoi faire?

— Pour nous faire d'ici à demain des habits de paysan romain, aussi élégants que possible, dit Albert.

Maître Pastrini secoua la tête.

— Vous faire d'ici à demain deux habits ! s'écria-t-il, voilà bien, j'en demande pardon à Vos Excellences, une demande à la française; deux habits ! quand d'ici à huit jours vous ne trouveriez certainement pas un tailleur qui consentît à coudre six boutons à un gilet, lui payassiez-vous ces boutons un écu la pièce!

— Alors il faut donc renoncer à se procurer les habits que je désire?

— Non, parce que nous aurons ces habits tout faits. Laissez-moi m'occuper de cela, et demain vous trouverez en vous éveillant une collection de chapeaux, de vestes et de culottes dont vous serez satisfaits.

— Mon cher, dit Franz à Albert, rapportons-nous-en à notre hôte, il nous a déjà prouvé qu'il était homme de ressources; dînons donc tranquillement, et après le dîner allons voir l'*Italienne à Alger*.

— Va pour l'*Italienne à Alger*, dit Albert; mais songez, maître Pastrini, que moi et monsieur, continua-t-il en désignant Franz, nous mettons la plus haute importance à avoir demain les habits que nous vous avons demandés.

L'aubergiste affirma une dernière fois à ses hôtes qu'ils n'avaient à s'inquiéter de rien et qu'ils seraient servis à leurs souhaits; sur quoi Franz et Albert remontèrent pour se débarrasser de leurs costumes de paillasses.

Albert, en dépouillant le sien, serra avec le plus grand soin son bouquet de violettes, c'était son signe de reconnaissance pour le lendemain.

Les deux amis se mirent à table; mais, tout en dînant, Albert ne put s'empêcher de remarquer la différence notable qui existait entre les mérites respectifs du cuisinier de maître Pastrini et de celui du comte de Monte-Christo. Or la vérité força Franz d'avouer, malgré les préventions qu'il paraissait avoir contre le comte, que le parallèle n'était point à l'avantage du chef de maître Pastrini.

Au dessert, le domestique s'informa de l'heure à laquelle les jeunes gens désiraient la voiture. Albert et Franz se regardèrent, craignant véritablement d'être indiscrets. Le domestique les comprit.

Son Excellence le comte de Monte-Christo, leur dit-il, a donné des ordres positifs pour que la voiture demeurât toute la journée aux ordres de Leurs Seigneuries; Leurs Seigneuries peuvent donc en disposer sans crainte d'être indiscrètes.

Les jeunes gens résolurent de profiter jusqu'au bout de la courtoisie du comte, et ordonnèrent d'atteler tandis qu'ils allaient substituer une toilette du soir à leur toilette de la journée, tant soit peu froissée par les combats nombreux auxquels ils s'étaient livrés.

Cette précaution prise, ils se rendirent au théâtre Argentina, et s'installèrent dans la loge du comte.

Pendant le premier acte, la comtesse G*** entra dans la sienne; son premier regard se dirigea du côté où la veille elle avait vu le comte, de sorte qu'elle aperçut Franz et Albert dans la loge de celui sur le compte duquel elle avait exprimé, il y avait vingt-quatre heures, à Franz, une si étrange opinion.

Sa lorgnette était dirigée sur lui avec un tel acharnement, que Franz vit bien qu'il y aurait de la cruauté à tarder plus long-temps de satisfaire sa curiosité; aussi, usant du privilége accordé aux spectateurs des théâtres italiens, qui consiste à faire des salles de spectacle leurs salons de réception, les deux mois quittèrent-ils leur loge pour aller présenter leurs hommages à la comtesse.

A peine furent-ils entrés dans sa loge qu'elle fit signe à Franz de se mettre à la place d'honneur.

Albert, à son tour, se plaça derrière elle.

— Eh bien! dit-elle, donnant à peine à Franz le temps de s'asseoir, il paraît que vous n'avez rien eu de plus pressé que de faire connaissance avec le nouveau lord Ruthwen, et que vous voilà les meilleurs amis du monde!

— Sans que nous soyons si avancés que vous le dites dans une intimité réciproque, je ne puis nier, madame la comtesse, répondit Franz, que nous n'ayons toute la journée abusé de son obligeance.

— Comment, toute la journée?

— Ma foi, c'est le mot : ce matin nous avons accepté son déjeuner, pendant toute la mascherata nous avons couru le Corso dans sa voiture, enfin ce soir nous venons au spectacle dans sa loge.

— Vous le connaissiez donc?

— Oui et non.

— Comment cela?

— C'est toute une longue histoire.

— Que vous me raconterez?

— Elle vous ferait trop peur.

— Raison de plus.

— Attendez au moins que cette histoire ait un dénoûment.

— Soit, j'aime les histoires complètes. En attendant, comment vous êtes-vous trouvés en contact, qui vous a présentés à lui?

— Personne, c'est lui au contraire qui s'est fait présenter à nous.

— Quand cela?

— Hier soir, en vous quittant.

— Par quel intermédiaire?

— Oh! mon Dieu! par l'intermédiaire très-prosaïque de notre hôte!

— Il loge donc hôtel de Londres, comme vous?

— Non-seulement dans le même hôtel, mais sur le même carré.

— Comment s'appelle-t-il, car sans doute vous savez son nom?

— Parfaitement, le comte de Monte-Christo

— Qu'est-ce que ce nom-là? ce n'est pas un nom de race.

— Non, c'est le nom d'une île qu'il a achetée.

— Et il est comte?

— Comte toscan.

— Enfin, nous avalerons celui-là avec les autres, reprit la comtesse, qui était d'une des plus vieilles familles des environs de Venise; et quel homme est-ce d'ailleurs?

— Demandez au vicomte de Morcerf.

— Vous entendez, monsieur, on me renvoie à vous, dit la comtesse.

— Nous serions difficiles si nous ne le trouvions pas charmant, madame, répondit Albert; un ami de dix ans n'eût pas fait pour nous plus qu'il n'a fait, et cela avec une grâce, une délicatesse, une courtoisie qui indiquent véritablement un homme du monde.

— Allons, dit la comtesse en riant, vous verrez que mon vampire sera tout bonnement quelque nouvel enrichi qui veut se faire pardonner ses millions, et qui aura pris le regard de Lara pour qu'on ne le confonde pas avec M. de Rothschild. Et elle, l'avez-vous vue?

— Qui, elle? demanda Franz en souriant.

— La belle Grecque d'hier.

— Non. Nous avons, je crois bien, entendu le son de sa guzla, mais elle est restée parfaitement invisible.

— C'est-à-dire, quand vous dites invisible, mon cher Franz, dit Albert, c'est tout bonnement pour faire du mystérieux. Pour qui prenez-vous donc ce domino bleu qui était à la fenêtre tendue de damas blanc?

— Et où était cette fenêtre tendue de damas blanc? demanda la comtesse.

— Au palais Rospoli.

— Le comte avait donc trois fenêtres au palais Rospoli?

— Oui. Êtes-vous passée rue du Cours?

— Sans doute.

— Eh bien, avez-vous remarqué deux fenêtres tendues de damas jaune et une fenêtre tendue de damas blanc avec une croix rouge? ces trois fenêtres étaient au comte.

— Ah çà ! mais c'est donc un nabab que cet homme. Savez-vous ce que valent trois fenêtres comme celles-là pour huit jours de carnaval, et du palais Rospoli, c'est-à-dire dans la plus belle situation du Corso ?

— Deux ou trois cents écus romains.

— Dites deux ou trois mille.

— Ah diable !

— Et est-ce son île qui lui fait ce beau revenu ?

— Son île, elle ne rapporte pas un bajocco.

— Pourquoi l'a-t-il achetée alors ?

— Par fantaisie.

— C'est donc un original?

— Le fait est, dit Albert, qu'il m'a paru assez excentrique. S'il habitait Paris, s'il fréquentait nos spectacles, je vous dirais, mon cher, ou que c'est un mauvais plaisant qui pose ou que c'est un pauvre diable que la littérature a perdu ; en vérité, il a fait ce matin deux ou trois sorties dignes de Didier ou d'Antony.

En ce moment une visite entra, et, selon l'usage, Albert céda sa place au nouveau venu ; cette circonstance, outre le déplacement, eut encore pour résultat de changer le sujet de la conversation.

Une heure après, les deux amis rentraient à l'hôtel. Maître Pastrini s'était déjà occupé de leurs déguisements du lendemain, et il leur promit qu'ils seraient satisfaits de son intelligente activité.

En effet, le lendemain à neuf heures il entrait dans la chambre de Franz avec un tailleur chargé de huit ou dix costumes de paysans romains. Les deux amis en choisirent deux pareils, qui allaient à peu près à leur taille, et chargèrent leur hôte de leur faire coudre une vingtaine de mètres de ruban à chacun de leurs chapeaux, et de leur procurer deux de ces charmantes écharpes de soie aux bandes transversales et aux vives couleurs dont les hommes du peuple dans les jours de fête ont l'habitude de se serrer la taille.

Albert avait hâte de voir comment son nouvel habit lui irait ; c'était une veste et une culotte de velours bleu, des bas à coins brodés, des souliers à boucles et un gilet de soie. Albert ne pouvait, au reste, que gagner à ce costume pittoresque, et lorsque sa ceinture eut serré sa taille élégante, lorsque son chapeau, légèrement incliné de côté, laissa retomber sur son épaule des flots de rubans, Franz fut forcé d'avouer que le costume est souvent pour beaucoup dans la supériorité physique que nous accordons à certains peuples. Les Turcs, si pittoresques autrefois avec leurs longues robes aux vives couleurs, ne sont-ils pas hideux maintenant avec leurs redingotes bleues boutonnées et leurs calottes grecques qui leur donnent l'air de bouteilles de vin à cachet rouge!

Franz fit ses compliments à Albert, qui au reste, debout devant la glace, se souriait avec un air de satisfaction qui n'avait rien d'équivoque.

Ils en étaient là lorsque le comte de Monte-Christo entra.

— Messieurs, leur dit-il, comme, si agréable que soit un compagnon de plaisir, la liberté est plus agréable encore, je viens vous dire que pour aujourd'hui et les jours suivants je laisse à votre disposition la voiture dont vous vous êtes servis hier. Notre hôte a dû vous dire que j'en avais trois ou quatre en pension chez lui ; vous ne m'en privez donc pas : usez-en librement, soit pour aller à votre plaisir, soit pour aller à vos affaires. Notre rendez-vous, si nous avons quelque chose à nous dire, sera au palais Rospoli.

Les deux jeunes gens voulurent lui faire quelque observation, mais ils n'avaient véritablement aucune bonne raison de refuser une offre qui d'ailleurs leur était agréable. Ils finirent donc par accepter.

Le comte de Monte-Christo resta un quart d'heure à peu près avec eux, parlant de toutes choses avec une facilité extrême. Il était, comme on a déjà pu le remarquer, fort au courant de la littérature de tous les pays. Un coup d'œil jeté sur les murailles de son salon avait prouvé à Franz et à Albert qu'il était amateur de tableaux. Quelques mots sans prétention, qu'il laissa tomber en passant, leur prouvèrent que les sciences ne lui étaient pas étrangères, il paraissait surtout s'être particulièrement occupé de chimie.

Les deux amis n'avaient pas la prétention de rendre au comte le déjeuner qu'il leur avait donné; c'eût été une trop mauvaise plaisanterie à lui faire que de lui offrir, en échange de son excellente table, l'ordinaire fort médiocre de maître Pastrini. Ils le lui dirent tout franchement, et il reçut leurs excuses en homme qui appréciait leur délicatesse.

Albert était ravi des manières du comte, que sa science seule l'empêchait de reconnaître pour un véritable gentilhomme. La liberté de disposer entièrement de la voiture le comblait surtout de joie: il avait ses vues sur ces gracieuses paysannes ; et comme elles lui étaient apparues la veille dans une voiture fort élégante, il n'était pas fâché de continuer à paraître sur ce point avec elles sur un pied d'égalité.

A une heure et demie les deux jeunes gens descendirent ; le cocher et les laquais avaient eu l'idée de mettre leurs habits de livrée sur leurs peaux de bêtes, ce qui leur donnait une tournure encore plus grotesque que la veille, et ce qui leur valut tous les compliments de Franz et d'Albert.

Albert avait attaché sentimentalement son bouquet de violettes fanées à sa boutonnière.

Au premier son de la cloche, ils partirent et se précipitèrent dans la rue du Cours par la via Vittoria.

Au second tour, un bouquet de violettes fraîches, parti d'une calèche chargée de paillassines, et qui vint tomber dans la calèche du comte, indiqua à Albert que, comme lui et son ami, les paysannes de la veille avaient changé de costume, et que, soit par hasard, soit par un sentiment pareil à celui qui l'avait fait agir, tandis qu'il avait galamment pris leur costume, elles, de leur côté, avaient pris le sien.

Albert mit le bouquet frais à la place de l'autre, mais il garda le bouquet fané dans sa main ; et quand il croisa de nouveau la calèche, il le porta amoureusement à ses lèvres ; action qui parut récréer beaucoup non-seulement celle qui le lui avait jeté, mais encore ses folles compagnes.

La journée fut non moins animée que la veille ; il est probable même qu'un profond observateur y eût encore reconnu une augmentation de bruit et de gaieté. Un instant on aperçut le comte à sa fenêtre, mais lorsque la voiture repassa il avait déjà disparu.

Il va sans dire que l'échange de coquetteries entre Albert et la paillassine aux bouquets de violettes dura toute la journée.

Le soir, en rentrant, Franz trouva une lettre de l'ambassade, on lui annonçait qu'il aurait l'honneur d'être reçu le lendemain par Sa Sainteté. A chaque voyage précédent qu'il avait fait à Rome, il avait sollicité et obtenu la même faveur ; et, autant par religion que par reconnaissance, il n'avait pas voulu toucher barre dans la capitale du monde chrétien sans mettre son respectueux hommage aux pieds d'un des successeurs de saint Pierre qui a donné le rare exemple de toutes les vertus.

Il ne s'agissait donc pas pour lui, ce jour-là, de songer au carnaval ; car, malgré la bonté dont il entoure sa grandeur, c'est toujours avec un respect plein de profonde émotion que l'on s'apprête à s'incliner devant ce noble et saint vieillard qu'on nomme Grégoire XVI.

En sortant du Vatican, Franz revint droit à l'hôtel en évitant même de passer par la rue du Cours. Il emportait un trésor de pieuses pensées, pour lesquelles le contact des folles joies de la mascherata eût été une profanation.

A cinq heures dix minutes, Albert rentra. Il était au comble de la joie; la paillassine avait repris son costume de paysanne, et en croisant la calèche d'Albert elle avait levé son masque.

Elle était charmante.

Franz fit à Albert ses compliments bien sincères, il les reçut en homme à qui ils sont dus. Il avait reconnu, disait-il, à certains signes d'élégance inimitable, que sa belle inconnue devait appartenir à la plus haute aristocratie.

Il était décidé à lui écrire le lendemain.

Franz, tout en recevant cette confidence, remarqua qu'Albert paraissait avoir quelque chose à lui demander, et que cependant il hésitait à lui adresser cette demande. Il insista, en lui déclarant d'avance qu'il était prêt à faire, au profit de son bonheur tous les sacrifices qui seraient en son pouvoir. Albert se fit prier tout juste le temps qu'exigeait une amicale politesse : puis enfin il avoua à Franz qu'il lui rendrait service en lui abandonnant pour le lendemain la calèche à lui tout seul.

Albert attribuait à l'absence de son ami l'extrême bonté qu'avait eue la belle paysanne de soulever son masque.

On comprend que Franz n'était pas assez égoïste pour arrêter Albert au milieu d'une aventure qui promettait à la fois d'être si agréable pour sa curiosité et si flatteuse pour son amour-propre. Il connaissait assez la parfaite indiscrétion de son digne ami pour être sûr qu'il le tiendrait au courant des moindre détails de sa bonne fortune ; et comme, depuis deux ou trois ans qu'il parcourait l'Italie en tout sens, il n'avait jamais eu la chance même d'ébaucher semblable intrigue pour son compte, Franz n'était pas fâché d'apprendre comment les choses se passaient en pareil cas.

Il promit donc à Albert qu'il se contenterait le lendemain de regarder le spectacle des fenêtres du palais Rospoli.

En effet, le lendemain il vit passer et repasser Albert. Il avait un énorme bouquet que sans doute il avait chargé d'être le porteur de son épître amoureuse. Cette probabilité se changea en certitude quand Franz revit le même bouquet, remarquable par un cercle de camélias blancs, entre les mains d'une charmante paillassine habillée de satin rose.

Aussi le soir ce n'était plus de la joie, c'était du délire. Albert ne doutait pas que la belle inconnue ne lui répondît par la même voie. Franz alla au-devant de ses désirs en lui disant que tout ce bruit le fatiguait, et qu'il était décidé à employer la journée du lendemain à revoir son album et à prendre des notes.

Au reste, Albert ne s'était pas trompé dans ses prévisions : le lendemain au soir, Franz le vit entrer d'un seul bond dans sa chambre, secouant triomphalement un carré de papier qu'il tenait par un de ses angles.

— Eh bien ! dit-il, m'étais-je trompé ?

— Elle a répondu ! s'écria Franz.

— Lisez.

Ce mot fut prononcé avec une intonation impossible à rendre. Franz prit le billet et lut :

« Mardi soir, à sept heures, descendez de votre voiture en face de la via dei Pontefici, et suivez la paysanne romaine qui vous arrachera votre mocoletto. Lorsque vous arriverez sur la première marche de l'église de San-Giacomo, ayez soin, pour qu'elle puisse vous reconnaître, de nouer un ruban rose sur l'épaule de votre costume de paillasse.

» D'ici là vous ne me verrez plus.

» Constance et discrétion. »

— Eh bien ! dit-il à Franz, lorsque celui-ci eut terminé cette lecture, que pensez-vous de cela, cher ami ?

— Mais je pense, répondit Franz, que la chose prend tout le caractère d'une aventure fort agréable.

— C'est mon avis aussi, dit Albert, et j'ai grand'peur que vous n'alliez seul au bal du duc de Bracciano.

Franz et Albert avaient reçu le matin même chacun une invitation du célèbre banquier romain.

— Prenez garde, mon cher Albert, dit Franz, toute l'aristocratie sera chez le duc; et si votre belle inconnue est véritablement de l'aristocratie, elle ne pourra se dispenser d'y paraître.

— Qu'elle y paraisse ou non, je maintiens mon opinion sur elle, continua Albert. Vous avez lu le billet?

— Oui.

— Vous savez la pauvre éducation que reçoivent en Italie les femmes du mezzo cito?

(On appelle ainsi la bourgeoisie.)

— Oui, répondit encore Franz.

— Eh bien, relisez ce billet, examinez l'écriture, et cherchez-moi une faute ou de langue ou d'orthographe.

(En effet, l'écriture était charmante et l'orthographe irréprochable.)

— Vous êtes prédestiné, dit Franz à Albert en lui rendant pour la seconde fois le billet.

— Riez tant que vous voudrez, plaisantez tout à votre aise, reprit Albert, je suis amoureux.

— Oh, mon Dieu! vous m'effrayez, s'écria Franz, et je vois que non-seulement j'irai seul au bal du duc de Bracciano, mais encore que je pourrais bien retourner seul à Florence.

— Le fait est que si mon inconnue est aussi aimable qu'elle est belle, je vous déclare que je me fixe à Rome pour six semaines au moins. J'adore Rome, et d'ailleurs j'ai toujours eu un goût marqué pour l'archéologie.

—Allons, encore une rencontre ou deux comme celle-là, et je ne désespère pas de vous voir membre de l'Académie des Inscriptions et Belles-Lettres.

Sans doute Albert allait discuter sérieusement ses droits au fauteuil académique, mais on vint annoncer aux deux jeunes gens qu'ils étaient servis. Or l'amour chez Albert n'était nullement contraire à l'appétit. Il s'empressa donc, ainsi que son ami, de se mettre à table, quitte à reprendre la discussion après le dîner.

Après le dîner, on annonça le comte de Monte-Christo. Depuis deux jours les jeunes gens ne l'avaient pas aperçu. Une affaire, avait dit maître Pastrini, l'avait appelé à Civita-Vecchia. Il était parti la veille au soir, et se trouvait de retour depuis une heure seulement.

Le comte fut charmant. Soit qu'il s'observât, soit que l'occasion n'éveillât point chez lui les fibres acrimonieuses que certaines circonstances avaient déjà fait résonner deux ou trois fois dans ses amères paroles, il fut à peu près comme tout le monde. Cet homme était pour Franz une véritable énigme. Le comte ne pouvait douter que le jeune voyageur ne l'eût reconnu; et cependant, pas une seule parole depuis leur nouvelle rencontre ne semblait indiquer dans sa bouche qu'il se rappelât l'avoir vu ailleurs. De son côté, quelque envie qu'eût Franz de faire allusion à leur première entrevue, la crainte d'être désagréable à un homme qui l'avait comblé, lui et son ami, de prévenances, le retenait; il continua donc de rester sur la même réserve que lui.

Il avait appris que les deux amis avaient

voulu faire prendre une loge dans le théâtre Argentina, et qu'on leur avait répondu que tout était loué.

En conséquence, il leur apportait la clef de la sienne; du moins c'était le motif apparent de sa visite.

Franz et Albert firent quelques difficultés, alléguant la crainte de l'en priver lui-même; mais le comte leur répondit qu'allant ce soir-là au théâtre Palli, sa loge au théâtre Argentina serait perdue s'ils n'en profitaient pas.

Cette assurance détermina les deux amis à accepter.

Franz s'était peu à peu habitué à cette pâleur du comte qui l'avait si fort frappé la première fois qu'il l'avait vu. Il ne pouvait s'empêcher de rendre justice à la beauté de sa tête sévère, dont la pâleur était le seul défaut ou peut-être la principale qualité. Véritable héros de Byron, Franz ne pouvait, nous ne dirons pas le voir, mais seulement songer à lui sans qu'il se représentât ce visage sombre sur les épaules de Manfred ou sous la toque de Lara. Il avait ce pli du front qui indique la présence incessante d'une amère pensée; il avait ces yeux ardents qui lisent au plus profond des âmes; il avait cette lèvre hautaine et moqueuse qui donne aux paroles qui s'en échappent ce caractère particulier qui fait qu'elles se gravent profondément dans la mémoire de ceux qui les écoutent.

Le comte n'était plus jeune; il avait

quarante ans au moins, et cependant on comprenait à merveille qu'il était fait pour l'emporter sur les jeunes gens avec lesquels il se trouverait. En réalité, c'est que, par une dernière ressemblance avec les héros fantastiques du poëte anglais, le comte semblait avoir le don de la fascination.

Albert ne tarissait pas sur le bonheur que lui et Franz avaient eu de rencontrer un pareil homme. Franz était moins enthousiaste, et cependant il subissait l'influence qu'exerce tout homme supérieur sur l'esprit de ceux qui l'entourent.

Il pensait à ce projet qu'avait déjà deux ou trois fois manifesté le comte d'aller à Paris, et il ne doutait pas qu'avec son caractère excentrique, son visage caractérisé et sa fortune colossale, le comte n'y produisît le plus grand effet.

Et cependant il ne désirait pas se trouver à Paris quand il y viendrait.

La soirée se passa comme les soirées se passent d'habitude au théâtre en Italie, non pas à écouter les chanteurs, mais à faire des visites et à causer. La comtesse G... voulait ramener la conversation sur le comte, mais Franz lui annonça qu'il avait quelque chose de beaucoup plus nouveau à lui apprendre; et, malgré les démonstrations de fausse modestie auxquelles se livra Albert, il raconta à la comtesse le grand événement qui, depuis trois jours, formait l'objet de la préoccupation des deux amis.

Comme ces intrigues ne sont pas rares en Italie, du moins s'il faut en croire les voyageurs, la comtesse ne fit pas le moins du monde l'incrédule, et félicita Albert sur les commencements d'une aventure qui promettait de se terminer d'une façon si satisfaisante.

On se quitta en se promettant de se retrouver au bal du duc de Bracciano, auquel Rome entière était invitée. La dame au bouquet tint sa promesse : ni le lendemain ni le surlendemain elle ne donna à Albert signe d'existence.

Enfin arriva le mardi, le dernier et le plus bruyant des jours du carnaval. Le mardi, les théâtres s'ouvrent à dix heures du matin ; car passé huit heures du soir on entre dans le carême. Le mardi, tout ce qui, faute de temps, d'argent ou d'enthousiasme, n'a pas pris part encore aux fêtes précédentes, se mêle à la bacchanale, se laisse entraîner par l'orgie, et apporte sa part de bruit et de mouvement au mouvement et au bruit général.

Depuis deux heures jusqu'à cinq heures, Franz et Albert suivirent la file, échangeant des poignées de confetti avec les voitures de la file opposée et les piétons qui circulaient entre les pieds des chevaux, entre les roues des carrosses, sans qu'il survînt au milieu de cette affreuse cohue un seul accident, une seule dispute, une seule rixe. Les Italiens sont le peuple par excellence sous ce rapport. Les fêtes sont pour eux de véritables fêtes. L'auteur de cette histoire, qui a habité l'Italie cinq ou six ans, ne se rappelle pas avoir jamais vu une solennité troublée par un seul de ces événements qui servent toujours de corollaire aux nôtres.

Albert triomphait dans son costume de paillasse. Il avait sur l'épaule un nœud de ruban rose dont les extrémités lui tombaient jusqu'aux jarrets. Pour n'amener aucune confusion entre lui et Franz, celui-ci avait conservé son habit de paysan romain.

Plus la journée s'avançait, plus le tumulte devenait grand; il n'y avait pas sur tous ces pavés, dans toutes ces voitures, à toutes ces fenêtres, une bouche qui restât muette, un bras qui demeurât oisif; c'était véritablement un orage humain composé d'un tonnerre de cris et d'une grêle de dragées, de bouquets, d'œufs, d'oranges et de fleurs.

A trois heures, le bruit de boîtes tirées à la fois sur la place du Peuple et au palais de Venise, perçant à grand'peine cet horrible tumulte, annonça que les courses allaient commencer.

Les courses, comme les moccoli, sont un des épisodes particuliers des derniers jours du carnaval. Au bruit de ces boîtes, les voitures rompirent à l'instant même leurs rangs, et se réfugièrent chacune dans la rue transversale la plus proche de l'endroit où elles se trouvaient.

Toutes ces évolutions se font, au reste,

avec une inconcevable adresse et une merveilleuse rapidité, et cela sans que la police se préoccupe le moins du monde d'assigner à chacun son poste ou de tracer à chacun sa route.

Les piétons se collèrent contre les palais, puis on entendit un grand bruit de chevaux et de fourreaux de sabre.

Une escouade de carabiniers sur quinze de front parcourait au galop et dans toute sa largeur la rue du Cours qu'elle balayait pour faire place aux barberi. Lorsque l'escouade arriva au palais de Venise, le retentissement d'une autre batterie de boîtes annonça que la rue était libre.

Presque aussitôt, au milieu d'une clameur immense, universelle, inouïe, on vit passer comme des ombres sept ou huit chevaux excités par les clameurs de trois cent mille personnes et par les châtaignes de fer qui leur bondissent sur le dos; puis le canon du château Saint-Ange tira trois coups, c'était pour annoncer que le numéro trois avait gagné.

Aussitôt, sans autre signal que celui-là, les voitures se remirent en mouvement, refluant vers le Corso, débordant par toutes les rues comme des torrents un instant contenus qui se rejettent tous ensemble dans le lit du fleuve qu'ils alimentent, et le flot immense reprit plus rapide que jamais son cours entre les deux rives de granit.

Seulement un nouvel élément de bruit

et de mouvement s'était encore mêlé à cette foule : les marchands de moccoli venaient d'entrer en scène.

Les moccoli ou moccoletti sont des bougies qui varient de grosseur, depuis le cierge pascal jusqu'au rat-de-cave, et qui éveillent chez les acteurs de la grande scène qui termine le carnaval romain deux préoccupations opposées :

1° Celle de conserver allumé son moccoletto ;

2° Celle d'éteindre le moccoletto des autres.

Il en est du moccoletto comme de la vie : l'homme n'a encore trouvé qu'un moyen de la transmettre; et ce moyen, il le tient de Dieu.

Mais il a découvert mille moyens de l'ôter; il est vrai que pour cette suprême opération le diable lui est quelque peu venu en aide.

Le mocoletto s'allume en l'approchant d'une lumière quelconque.

Mais qui décrira les mille moyens inventés pour éteindre le moccoletto, les soufflets gigantesques, les éteignoirs monstres, les éventails surhumains?

Chacun se hâta donc d'acheter des moccoletti, Franz et Albert comme les autres.

La nuit s'approchait rapidement; et

déjà, au cri de : *Moccoli!* répété par les voix stridentes d'un millier d'industriels, deux ou trois étoiles commencèrent à briller au-dessus de la foule. Ce fut comme un signal. Au bout de dix minutes, cinquante mille lumières scintillèrent, descendant du palais de Venise à la place du Peuple, et remontant de la place du Peuple au palais de Venise.

On eût dit la fête des feux-follets.

On ne peut se faire aucune idée de cet aspect si on ne l'a pas vu.

Supposez toutes les étoiles se détachant du ciel et venant se mêler sur la terre à une danse insensée.

Le tout accompagné de cris comme jamais oreille humaine n'en a entendu sur le reste de la surface du globe.

C'est en ce moment surtout qu'il n'y a plus de distinction sociale.

Le facchino s'attache au prince, le prince au Transtevere, le Transtevere au bourgeois, chacun soufflant, éteignant, rallumant. Si le vieil Éole apparaissait en ce moment, il serait proclamé roi des moccoli, et Aquilon héritier présomptif de la couronne.

Cette course folle et flamboyante dura deux heures à peu près; la rue du Cours était éclairée comme en plein jour, on distinguait les traits des spectateurs jusqu'au troisième et quatrième étage.

De cinq minutes en cinq minutes Albert tirait sa montre; enfin elle marqua sept heures.

Les deux amis se trouvaient justement à la hauteur de la via dei Pontefici; Albert sauta à bas de la calèche, son moccoletto à la main.

Deux ou trois masques voulurent s'approcher de lui pour l'éteindre ou le lui arracher; mais, en habile boxeur, Albert les envoya les uns après les autres rouler à dix pas de lui en continuant sa course vers l'église San Giacomo.

Les degrés étaient chargés de curieux et de masques qui luttaient à qui s'arracherait le flambeau des mains. Franz suivait des yeux Albert, et le vit mettre le pied sur la première marche; puis presque aussitôt un masque portant le costume bien connu de la paysanne au bouquet allongea le bras, et, sans que cette fois il fît aucune résistance, lui enleva le moccoletto.

Franz était trop loin pour entendre les paroles qu'ils échangèrent; mais sans doute elles n'eurent rien d'hostile, car il vit s'éloigner Albert et la paysanne bras dessus bras dessous.

Quelque temps il les suivit au milieu de la foule, mais à la via Macello il les perdit de vue.

Tout à coup le son de la cloche qui donne le signal de la clôture du carnaval retentit, et au même instant tous les moccoli s'éteignirent comme par enchantement. On eût dit qu'une seule et immense bouffée de vent avait tout anéanti.

Franz se trouva dans l'obscurité la plus profonde.

Du même coup tous les cris cessèrent, comme si le souffle puissant qui avait emporté les lumières emportait en même temps le bruit.

On n'entendit plus que le roulement des carrosses qui ramenaient les masques chez eux; on ne vit plus que les rares lumières qui brillaient derrière les fenêtres.

Le carnaval était fini.

## CHAPITRE V.

### LES CATACOMBES DE SAINT-SÉBASTIEN.

Peut-être, de sa vie, Franz n'avait-il éprouvé une impression si tranchée, un passage si rapide de la gaieté à la tristesse, que dans ce moment; on eût dit que Rome, sous le souffle magique de quelque démon de la nuit, venait de se changer en un vaste tombeau. Par un hasard qui ajoutait encore à l'intensité des ténèbres, la lune, qui était dans sa décroissance, ne devait se lever que vers les onze heures du soir ; les rues que le jeune homme traversait étaient donc plongées dans la plus profonde obscurité. Au reste, le trajet était court ; au bout de dix minutes, sa voiture ou plutôt celle du comte s'arrêta devant l'hôtel de Londres.

Le dîner attendait ; mais comme Albert avait prévenu qu'il ne comptait pas rentrer de sitôt, Franz se mit à table sans lui.

Maître Pastrini, qui avait l'habitude de les voir dîner ensemble, s'informa des causes de son absence ; mais Franz se contenta de répondre qu'Albert avait reçu la surveille une invitation à laquelle il s'était rendu. L'extinction subite des moccoletti, cette obscurité qui avait remplacé la lumière, ce silence qui avait succédé au bruit, avaient laissé dans l'esprit de Franz une certaine tristesse qui n'était pas exempte d'inquiétude. Il dîna donc fort silencieusement malgré l'officieuse sollicitude de son hôte, qui entra deux ou trois fois pour s'informer s'il n'avait besoin de rien.

Franz était résolu à attendre Albert aussi tard que possible. Il demanda donc la voiture pour onze heures seulement, en priant maître Pastrini de le faire prévenir à l'instant même, si Albert reparaissait à l'hôtel pour quelque chose que ce fût. A onze heures, Albert n'était pas rentré. Franz s'habilla et partit, en prévenant son hôte qu'il passait la nuit chez le duc de Bracciano.

La maison du duc de Bracciano est une des plus charmantes maisons de Rome ; sa femme, une des dernières héritières des Colonna, en fait les honneurs d'une façon parfaite : il en résulte que les fêtes qu'il donne ont une célébrité européenne. Franz et Albert étaient arrivés à Rome avec des lettres de recommandation pour lui ; aussi sa première question fut-elle pour demander à Franz ce qu'était devenu son compagnon de voyage. Franz lui répondit qu'il l'avait quitté au moment où on allait éteindre les moccoli, et qu'il l'avait perdu de vue à la via Macello.

— Alors il n'est pas rentré? demanda le duc.

— Je l'ai attendu jusqu'à cette heure, répondit Franz.

— Et savez-vous où il allait?

— Non, pas précisément; cependant je crois qu'il s'agissait de quelque chose comme un rendez-vous.

— Diable! dit le duc, c'est un mauvais jour, ou plutôt c'est une mauvaise nuit pour s'attarder; n'est-ce pas, madame la comtesse?

Ces derniers mots s'adressaient à la comtesse G***, qui venait d'arriver et qui se promenait au bras de M. Torlonia, frère du duc.

— Je trouve au contraire que c'est une

charmante nuit, répondit la comtesse; et ceux qui sont ici ne se plaindront que d'une chose, c'est qu'elle passera trop vite.

— Aussi, reprit le duc en souriant, je ne parle pas des personnes qui sont ici; elles ne courent d'autres dangers, les hommes que de devenir amoureux de vous, les femmes de tomber malades de jalousie en vous voyant si belle : je parle de ceux qui courent les rues de Rome.

— Eh, bon Dieu! demanda la comtesse, qui court les rues de Rome à cette heure-ci, à moins que ce ne soit pour aller au bal?

— Notre ami Albert de Morcerf, madame la comtesse, que j'ai quitté à la poursuite de son inconnue vers les sept heures du soir, dit Franz, et que je n'ai pas revu depuis.

— Comment! et vous ne savez pas où il est?

— Pas le moins du monde.

— Et a-t-il des armes?

— Il est en paillasse.

— Vous n'auriez pas dû le laisser aller, dit le duc à Franz, vous qui connaissez mieux Rome que lui.

— Oh bien oui! autant aurait valu essayer d'arrêter le numéro trois des barberi qui a gagné aujourd'hui le prix de la course, répondit Franz; et puis, d'ailleurs, que voulez-vous qu'il lui arrive?

— Qui sait! la nuit est très-sombre, et le Tibre est bien près de la via Macello.

Franz sentit un frisson qui lui courait dans les veines, en voyant l'esprit du duc et de la comtesse si bien d'accord avec ses inquiétudes personnelles.

— Aussi ai-je prévenu à l'hôtel que j'avais l'honneur de passer la nuit chez vous, monsieur le duc, dit Franz, et on doit venir m'annoncer son retour.

— Tenez, dit le duc, je crois justement que voilà un de mes domestiques qui vous cherche.

Le duc ne se trompait pas ; en apercevant Franz, le domestique s'approcha de lui.

— Excellence, dit-il, le maître de l'hôtel de Londres vous fait prévenir qu'un homme vous attend chez lui avec une lettre du comte de Morcerf.

— Avec une lettre du comte! s'écria Franz.

— Oui.

— Et quel est cet homme?

— Je l'ignore.

— Pourquoi n'est-il point venu me l'apporter ici?

— Le messager ne m'a donné aucune explication.

— Et où est le messager ?

— Il est parti aussitôt qu'il m'a vu entrer dans la salle de bal pour vous prévenir.

— Oh ! mon Dieu ! dit la comtesse à Franz, allez vite ; pauvre jeune homme, il lui est peut-être arrivé quelque accident.

— J'y cours, dit Franz.

— Vous reverrons-nous pour nous donner des nouvelles ? demanda la comtesse.

— Oui, si la chose n'est pas grave ; sinon, je ne réponds pas de ce que je vais devenir moi-même.

— En tout cas, de la prudence, dit la comtesse.

— Oh ! soyez tranquille.

Franz prit son chapeau et partit en toute hâte. Il avait renvoyé sa voiture en lui donnant l'ordre pour deux heures ; mais, par bonheur, le palais Bracciano, qui donne d'un côté rue du Cours, et de l'autre place des Saints-Apôtres, est à dix minutes de chemin à peine de l'hôtel de Londres. En s'approchant de l'hôtel, Franz vit un homme debout au milieu de la rue ; il ne douta pas un seul instant que ce ne fût le messager d'Albert. Cet homme était lui-même enveloppé d'un grand manteau. Il alla à lui ; mais, au grand étonnement de Franz, ce fut cet homme qui lui adressa la parole le premier.

— Que me voulez-vous, Excellence ? dit-il en faisant un pas en arrière comme un homme qui désire demeurer sur ses gardes.

— N'est-ce pas vous, demanda Franz, qui m'apportez une lettre du comte de Morcerf ?

— C'est Votre Excellence qui loge à l'hôtel de Pastrini ?

— Oui.

— C'est Votre Excellence qui est le compagnon de voyage du comte ?

— Oui.

— Comment s'appelle Votre Excellence ?

— Le baron Franz d'Épinay.

— C'est bien à Votre Excellence alors que cette lettre est adressée.

—Y a-t-il une réponse? demanda Franz en lui prenant la lettre des mains.

— Oui, du moins votre ami l'espère bien.

— Montez chez moi, alors je vous la donnerai.

— J'aime mieux l'attendre ici, dit en riant le messager.

— Pourquoi cela?

— Votre Excellence comprendra la chose quand elle aura lu la lettre.

— Alors je vous retrouverai ici?

— Sans aucun doute.

Franz rentra; sur l'escalier il rencontra maître Pastrini.

— Eh bien ? lui demanda-t-il.

— Eh bien quoi ? répondit Franz.

— Vous avez vu l'homme qui désirait vous parler de la part de votre ami ? demanda-t-il à Franz.

— Oui, je l'ai vu, répondit celui-ci, et il m'a remis cette lettre. Faites allumer chez moi, je vous prie.

L'aubergiste donna l'ordre à un domestique de précéder Franz avec une bougie. Le jeune homme avait trouvé à maître Pastrini un air fort effaré, et cet air ne lui avait donné qu'un désir plus grand de lire la lettre d'Albert ; il s'approcha de la bougie aussitôt qu'elle fut allumée, et déplia le papier. La lettre était écrite de la main d'Albert, et signée par lui. Franz la relut deux fois, tant il était loin de s'attendre à ce qu'elle contenait.

La voici textuellement reproduite :

« Cher ami, aussitôt la présente reçue, ayez l'obligeance de prendre dans mon portefeuille, que vous trouverez dans le tiroir carré du secrétaire, la lettre de crédit; joignez-y la vôtre si elle n'est pas suffisante. Courez chez Torlonia, prenez-y à l'instant même quatre mille piastres et remettez-les au porteur. Il est urgent que cette somme me soit adressée sans aucun retard.

» Je n'insiste pas davantage, comptant sur vous comme vous pourriez compter sur moi.

» *P. S.* I belleve now to italian bandetti.

» Votre ami,

» ALBERT DE MORCERF.»

Au-dessous de ces lignes étaient écrits d'une main étrangère ces quelques mots italiens :

« Se alle sei della mattina le quattro mile piastre non sono nelle mie mani, alle sette il conte Alberto avia cessato di vivere (1).

» LUIGI VAMPA. »

Cette seconde signature expliqua tout à Franz, qui comprit la répugnance du mes-

(1) « Si à six heures du matin les quatre mille piastres ne sont point entre mes mains, à sept heures le comte Albert de Morcerf aura cessé d'exister. »

sager à monter chez lui ; la rue lui paraissait plus sûre que la chambre de Franz. Albert était tombé entre les mains du fameux chef de bandits à l'existence duquel il s'était si long-temps refusé de croire.

Il n'y avait pas de temps à perdre. Il courut au secrétaire, l'ouvrit, dans le tiroir indiqué trouva le portefeuille, et dans le portefeuille la lettre de crédit : elle était en tout de six mille piastres ; mais sur ces six mille piastres Albert en avait déjà dépensé trois mille. Quant à Franz, il n'avait aucune lettre de crédit; comme il habitait Florence, et qu'il était venu à Rome pour y passer sept à huit jours seulement, il avait pris une centaine de louis, et de ces cent louis il lui en restait cinquante tout au plus.

Il s'en fallait donc de sept à huit cents piastres pour qu'à eux deux Franz et Albert pussent réunir la somme demandée. Il est vrai que Franz pouvait compter dans un cas pareil sur l'obligeance de messieurs Torlonia.

Il se préparait donc à retourner au palais Bracciano sans perdre un instant, quand tout à coup une idée lumineuse traversa son esprit.

Il songea au comte de Monte-Christo. Franz allait donner l'ordre qu'on lui fît venir maître Pastrini, lorsqu'il le vit apparaître en personne sur le seuil de sa porte.

—Mon cher monsieur Pastrini, lui dit-il vivement, croyez-vous que le comte soit chez lui?

—Oui, Excellence, il vient de rentrer.

—A-t-il eu le temps de se mettre au lit?

—J'en doute.

—Alors, sonnez à sa porte, je vous prie, et demandez-lui pour moi la permission de me présenter chez lui.

Maître Pastrini s'empressa de suivre les instructions qu'on lui donnait; cinq minutes après il était de retour.

— Le comte attend Votre Excellence, dit-il.

Franz traversa le carré, un domestique

l'introduisit chez le comte. Il était dans un petit cabinet que Franz n'avait pas encore vu, et qui était tout entouré de divans. Le comte vint au-devant lui.

— Eh ! quel bon vent vous amène à cette heure, lui dit-il, viendriez-vous me demander à souper par hasard ? Ce serait pardieu bien aimable à vous.

— Non, je viens pour vous parler d'une affaire grave.

— D'une affaire ! dit le comte en regardant Franz de ce regard profond qui lui était habituel ; et de quelle affaire ?

— Sommes-nous seuls ?

Le comte alla à la porte et revint :

— Parfaitement seuls, dit-il.

Franz lui présenta la lettre d'Albert.

— Lisez, lui dit-il.

Le comte lut la lettre.

— Ah! ah! fit-il.

— Avez-vous pris connaissance du post-scriptum?

Oui, dit-il, je vois bien :

« Se alle sei della mattina le quattro mile piastre non sono nelle mie mani, alle sette il conte Alberto avia cessato di vivere.

» LUIGI VAMPA. »

— Que dites-vous de cela? demanda Franz.

—Avez-vous la somme qu'on vous a demandée ?

— Oui, moins huit cents piastres.

Le comte alla à son secrétaire, l'ouvrit, et faisant glisser un tiroir plein d'or :

— J'espère, dit-il à Franz, que vous ne me ferez pas l'injure de vous adresser à un autre qu'à moi ?

—Vous voyez, au contraire, que je suis venu droit à vous, dit Franz.

— Et je vous en remercie ; prenez. Et il fit signe à Franz de puiser dans le tiroir.

— Est-il bien nécessaire d'envoyer cette somme à Luigi Vampa? demanda le jeune homme en regardant à son tour fixement le comte.

— Dame ! fit-il, jugez-en vous-même, le post-scriptum est précis.

— Il me semble que, si vous vous donniez la peine de chercher, vous trouveriez quelque moyen qui simplifierait beaucoup la négociation, dit Franz.

— Et lequel? demanda le comte étonné.

— Par exemple, si nous allions trouver Luigi Vampa ensemble; je suis sûr qu'il ne nous refuserait pas la liberté d'Albert.

— A moi? et quelle influence voulez-vous que j'aie sur ce bandit?

— Ne venez-vous pas de lui rendre un de ces services qui ne s'oublient point?

— Et lequel ?

— Ne venez-vous pas de sauver la vie à Peppino ?

— Ah ! ah ! dit le comte, qui vous a dit cela ?

— Que vous importe ? Je le sais.

Le comte resta un instant muet et les sourcils froncés.

— Et si j'allais trouver Vampa ; vous m'accompagneriez ?

— Si ma compagnie ne vous était pas trop désagréable.

— Eh bien ! soit ; le temps est beau, une promenade dans la campagne de Rome ne peut que nous faire du bien.

— Faut-il prendre des armes ?

— Pourquoi faire ?

— De l'argent ?

— C'est inutile. Où est l'homme qui a apporté ce billet ?

— Dans la rue.

— Il attend la réponse ?

— Oui.

— Il faut un peu savoir où nous allons ; je vais l'appeler.

— Inutile, il n'a pas voulu monter.

— Chez vous, peut-être ; mais chez moi, il ne fera pas de difficultés.

Le comte alla à la fenêtre du cabinet qui donnait sur la rue, et siffla d'une certaine façon. L'homme au manteau se détacha de la muraille et s'avança jusqu'au milieu de la rue.

— *Salite!* dit le comte, du ton dont il aurait donné un ordre à son domestique. Le messager obéit sans retard, sans hésitation, avec empressement même, et, franchissant les quatre marches du perron, entra dans l'hôtel. Cinq secondes après, il était à la porte du cabinet.

— Ah! c'est toi, Peppino? dit le comte.

Mais Peppino, au lieu de répondre, se jeta à genoux, saisit la main du comte et y appliqua ses lèvres à plusieurs reprises.

— Ah ! ah ! dit le comte, tu n'as pas encore oublié que je t'ai sauvé la vie ! c'est étrange, il y a pourtant aujourd'hui huit jours de cela.

— Non, Excellence, et je ne l'oublierai jamais, répondit Peppino avec l'accent d'une profonde reconnaissance.

— Jamais, c'est bien long ! mais enfin c'est déjà beaucoup que tu le croies. Relève-toi et réponds.

Peppino jeta un coup-d'œil inquiet sur Franz.

— Oh ! tu peux parler devant son Excellence, dit-il, c'est un de mes amis. Vous permettez que je vous donne ce titre, dit en français le comte en se retournant du côté de Franz ; il est nécessaire pour exciter la confiance de cet homme.

— Vous pouvez parler devant moi, reprit Franz, je suis un ami du comte.

— A la bonne heure, dit Peppino en se retournant à son tour vers le comte ; que Votre Excellence m'interroge, et je répondrai.

— Comment le comte Albert est-il tombé entre les mains de Luigi ?

— Excellence, la calèche du Français a croisé plusieurs fois celle où était Teresa.

— La maîtresse du chef ?

— Oui. Le Français lui a fait les yeux

doux ; Teresa s'est amusée à lui répondre ; le Français lui a jeté des bouquets, elle lui en a rendu : tout cela, bien entendu, du consentement du chef, qui était dans la même calèche.

— Comment ! s'écria Franz, Luigi Vampa était dans la calèche des paysannes romaines ?

— C'était lui qui conduisait, déguisé en cocher, répondit Peppino.

— Après ? demanda le comte.

— Eh bien ! après, le Français se démasqua ; Teresa, toujours du consentement du chef, en fit autant ; le Français demanda un rendez-vous, Teresa accorda le rendez-vous demandé ; seulement, au lieu de Teresa, ce fut Beppo qui se trouva sur les marches de l'église San-Giacomo.

— Comment ! interrompit encore Franz, cette paysanne qui lui a arraché son moccoletto?...

— C'était un jeune garçon de quinze ans, répondit Peppino ; mais il n'y a pas de honte pour votre ami à y avoir été pris, Beppo en a attrapé bien d'autres, allez.

— Et Beppo l'a conduit hors des murs? dit le comte.

— Justement ; une calèche attendait au bout de la via Macello, Beppo est monté dedans en invitant le Français à le suivre ; il ne se l'est pas fait dire deux fois. Il a galamment offert la droite à Beppo, s'est placé près de lui. Beppo lui a annoncé alors qu'il allait le conduire à une villa située à une lieue de Rome. Le Français a assuré Beppo qu'il était prêt à le suivre au bout du monde. Aussitôt le cocher a remonté la rue di Ripetta, a gagné la porte San Paolo; et à deux cents pas dans la campagne, comme le Français devenait trop entreprenant, ma foi, Beppo lui a mis une paire de pistolets sur la gorge, aussitôt le cocher a arrêté ses chevaux, s'est retourné sur son siége et en a fait autant. En même temps quatre des nôtres qui étaient cachés sur les bords de l'Almo se sont élancés aux portières. Le Français avait bonne envie de se défendre, il a même un peu étranglé Beppo, à ce que j'ai entendu dire, mais il n'y avait rien à faire contre cinq hommes armés, il a bien fallu se rendre, on l'a fait descendre de voiture, on a suivi les bords de la petite rivière, et on l'a conduit à Teresa et à Luigi, qui l'attendaient dans les catacombes de Saint-Sébastien.

FIN DU CINQUIÈME VOLUME.

# TABLE DES CHAPITRES.

## NOUVELLE EDITION

DES

# ŒUVRES COMPLÈTES D'EUGÈNE SUE.

**66 volumes in-8.**

| | |
|---|---|
| Le Juif errant | 10 |
| Les Mystères de Paris | 10 |
| Mathilde | 6 |
| Deux Histoires | 2 |
| Le Marquis de Létorière | 1 |
| Deleytar | 2 |
| Jean Cavalier | 4 |
| Le Morne au Diable | 2 |
| Thérèse Dunoyer | 2 |
| Latréaumont | 3 |
| La Vigie de Koat-Ven | 4 |
| Paula Monti | 2 |
| Le Commandeur de Malte | 2 |
| Plick et Plock | 1 |
| Atar-Gull | 2 |
| Arthur | 4 |
| Coucaratcha | 3 |
| La Salamandre | 2 |
| Histoire de la Marine | 4 |

(Chaque volume se vend séparément.)

Imprimé par A. Henry, 8, rue Gît-le-Cœur.

www.ingramcontent.com/pod-product-compliance
Lightning Source LLC
Chambersburg PA
CBHW060322170426
43202CB00014B/2628

* 9 7 8 2 0 1 2 1 9 4 2 1 2 *